DICCIONARIO DE
INFORMATICA
INGLES - ESPAÑOL

GLOSARIO DE TERMINOS INFORMATICOS

olivetti

CENTRO DE FORMACION DE PERSONAL

DICCIONARIO DE INFORMATICA INGLES - ESPAÑOL

GLOSARIO DE TERMINOS INFORMATICOS

editorial Paraninfo

DECIMOTERCERA EDICIÓN

1995

Impreso en España
Printed in Spain

ISBN: 84-283-1230-3

Depósito Legal: M. 37.301.—1995

 editorial Paraninfo sa   Magallanes, 25 - 28015 MADRID   (103/52/79)

MARIN ALVAREZ, Camino de la Vega, 3 - Nave 27 - Políg. Ind. San Fernando de Henares

PRÓLOGO

La rápida evolución de la informática en los años transcurridos desde la primera edición de este diccionario-glosario, ha motivado la introducción de nuevos términos en este campo de actividad.

Asimismo se ha producido una mayor concreción en el significado de algunas expresiones o palabras que aparecieron con un contenido un tanto impreciso. Incluso, frente al término de la informática que comprendía todo lo relativo a la automatización del tratamiento de la información, han surgido otros como burótica u ofimática que tratan de englobar, como un conjunto separado, lo referente a la automatización del tratamiento de textos y mensajes, atendiendo a su forma y no a su contenido como dato.

Todo ello ha aconsejado revisar y ampliar nuestro modesto diccionario.

Se ha mantenido la misma estructura:

- En primer lugar el Diccionario Inglés-Español sirve para conocer, sin más, el significado del término en su acepción o acepciones españolas.

- Cuando el lector, tras encontrar la traducción del término, siga sin comprender su significado en español, deberá remitirse al GLOSARIO DE TERMINOS INFORMATICOS que se ha incluido al final, dentro del cual hemos intentado definir y aclarar los conceptos que aparecen dentro del DICCIONARIO.

DICCIONARIO DE INFORMATICA
INGLES - ESPAÑOL

A

ABORT   Terminación anormal de un programa.

ABSOLUTE   Absoluto/a. Real.

    ADDRESS   Dirección absoluta. No modificable.

    CODING   Codificación absoluta o real. Se contrapone a codificación relativa o codificación simbólica.

    TERM   Término con valor unívoco en cualquier situación.

    VALUE   Valor absoluto.

ACCESS   Acceso.

    ARM   Brazo de acceso.

    METHOD   Método de acceso, para mover datos entre memoria central y dispositivos periféricos. Son métodos de acceso: direct access, immediate access, random access, serial access.

    MODE   Modalidad de acceso.

    MOTION TIME   Tiempo de movimiento de acceso.

    TIME   Tiempo de acceso.
Intervalo que media entre el momento en que la unidad

ACCESS (continuación)   de control ordena una transferencia de información y el instante en que queda realizada.

ACCOUNTING   Contabilidad. Contable.
   MACHINE   Máquina contable.

ACCUMULATOR   Acumulador.
   COUNTER   Contador acumulador.
   REGISTER   Registro acumulador.

ACCURACY   Grado de desviación con respecto al error.

ACK   Acuse de recibo.

ACKNOWLEDGE   Igual que ACK: Acuse de recibo (comunicaciones).

ACRONYM   Acrónimo. Dícese de la palabra formada con la letra o letras de otros, por ejemplo: S. A. Sociedad Anónima.

ACTIVE   Activo. Puede referirse a una variable, un grupo de variables, una tarea, un programa, una línea de transmisión.

ACTIVITY RATIO   Indice de frecuencia de utilización.

ACTUAL   Real. Ver ABSOLUTE.

ADD   Suma.
Elaboración consistente en añadir a un archivo records en cola (LIOCS. A. 7).

ADDEND   Sumando.

ADDER   Sumador.

ADDING   Sumar.
   MACHINE   Sumadora.

ADDING (continuación)

WHEEL	Rueda de suma.

ADDRESS
Direccionar. Dirección.

FORMAT	Formato de la parte «dirección» de una instrucción.
MODIFICATION	Modificación de una dirección.
REGISTER	Registro de dirección.

ADDRESSING
Direccionamiento. Asignación de direcciones.

ADJUSTABLE
Regulable. Ajustable.

PAPER GUIDE	Guía regulable de papel.

ADP
(Automatic Data Processing)

Proceso automático de datos.

ADVANCE
Avance. Expansión.

AERIAL
Antena.

AFF
Ver AUTOMATIC FRONT FEED.

AL
(Assembly Language)

Lenguaje Assembly (Ensamblador).

ALARM
Señal de error. Alarma.

ALGOL
(ALGOrithmic Language)

Lenguaje orientado al procedimiento y al cálculo.

ALGORITHM
Algoritmo. Juego de reglas secuenciales y preestablecidas para la solución de problemas.

ALIGNMENT BAR
Barra de alineación.

ALLOCATE   Asignar. Designar.

   STORAGE   Asignar almacenamientos.

ALLOCATION   Asignación de ubicaciones específicas de almacenamiento.

ALLOWABLE   Admitida. Permitida.

   RECORD CONFIGURATION   Configuración permitida de registros.

ALPHABET   Alfabeto.

ALPHABETIC   Alfabético. Un código, carácter, expresión es alfabético, según definición de un lenguaje en concreto, cuando sólo está compuesto de letras o ciertos signos especiales.

ALPHAMERIC   Alfanumérico. Es decir, que puede contener caracteres alfabéticos, especiales, numéricos.

ALPHANUMERIC-AL   Alfanumérico.

   CHARACTER   Carácter alfanumérico.

   CONVERSION   Conversión alfanumérica.

   KEYBOARD   Teclado alfanumérico.

   OPTICAL READER   Lectora óptica alfanumérica.

ALTERNATE   Alternativo.

   TRACK   Pista alternativa.

ALU   Unidad aritmética y lógica.
(Arithmetic and Logic Unit)

AMOUNT   Importe.

ANALOG   Analógico. Hace referencia a cantidades físicas continuamente variables.

ANALOG (continuación)

COMPUTER	Ordenador analógico. Opuesto a ordenador digital.

ANALYSIS   Análisis.

ANCILLARY   Auxiliar. Equipo auxiliar.

AND   Efectuar la operación lógica AND,(Y); operación lógica AND,(Y).

CIRCUIT   Circuito AND,(Y).

GATE   Puerta AND,(Y).

ANNOTATE   Agregar comentarios o notas.

ANNOTATION   Nota o comentario.

ANSI   Instituto Nacional Americano de Normas.
(American National Standards Institute)

ANSWER BACK   (Comunicaciones.) Respuesta automática.

AP   Ver AUXILIARY PRINTER.

APCO   Generador de programas de Olivetti.
(Applications Configurator)

APL   Lenguaje de programación de alto nivel, orientado a aplicaciones de tipo científico.
(A Programming Language)

APPLICATION   Aplicación.

PROGRAM   Programa aplicativo

AREA   Area, zona de memoria. Por ejemplo: input-output area, work area.

ARGUMENT   Argumento. Variable independiente de una función.

LIST   Lista de argumentos.

ARITHMETIC   Aritmético.

ARM   Brazo. Ver ACCESS ARM.

ARRANGEMENT   Ordenamiento, reordenación, agrupación ordenada.

ARRAY   Matriz. Serie o conjunto de valores.
    ELEMENT   Elemento de matriz.
    NAME   Nombre de matriz.

ASCII   Código utilizado como standard en los EE.UU. para el inter
(American National Standard   cambio de información entre sistemas de proceso de datos.
Code for Information Inter-   El código utiliza 7 bits más un octavo como control de
change)   paridad.

ASSEMBLE   Ensamblar. Preparar un lenguaje máquina basándose en
                                  otro simbólico, mediante la sustitución de direcciones
                                  simbólicas por direcciones relativas o absolutas.

ASSEMBLER   Programa orientado a la máquina que ensambla programas
                                  escritos en lenguaje simbólico para producir programas en
                                  lenguaje máquina.

    CODING FORM   Impreso para la codificación de programas en Assembler.

ASSEMBLY LANGUAGE   Lenguaje simbólico de programación.

ASSIGNMENT   Asignación.

ASTERISK   Asterisco.
    LIST ELIMINATION   Eliminación de asteriscos en listado.
    PROTECTION   Protección mediante asterisco.

ASYNCHRONOUS   Asíncrono. Se refiere a un proceso, una función, una trans-
                                  misión que se inicia cuando recibe una determinada señal.

ASYNDETIC   Asindético (sin conjunción o elementos de relación).

ATTRIBUTE	Características de una entidad.
FILE	Atributos de un archivo.
AUDIO	Frecuencia audible.
RESPONSE UNIT	Unidad de respuesta audible.
AUDIT TRAIL	Medio para controlar los pasos de un proceso.
AUGEND	Sumando.
AUGMENTED OPERATION CODE	Código de operación ampliado.
AUTOCODER	Sistema de programación IBM.
AUTOMATIC	Automático.
CHECK	Control automático.
FRONT FEED	Introductor frontal automático.
AUTOMATION	Automatización; ejecución automática de procesos.
AUTOTYPIST	Máquina de escribir automática.
AUXILIARY	Auxiliar.
PRINTER	Impresora auxiliar.
REGISTER	Registro auxiliar.
STORAGE	Almacenamiento auxiliar.
AVAILABLE	Válido, efectivo, disponible.
TIME	Tiempo efectivo de trabajo en una máquina.

AVERAGE Promedio.

    ACCESS TIME Tiempo promedio de acceso.

B

BACK CIRCUIT

Circuito de retorno.

BACKGROUND

Partición de memoria que se asigna a los programas de baja prioridad; por oposición con FOREGROUND.

BACKSPACE

Retroceder en una unidad. Por ejemplo, una posición en una máquina de escribir o una fila en una cinta perforada.

BACKSPACER

Mecanismo de retroceso.

BACK PLANE

Placa posterior donde van a parar un conjunto de conectores y sobre la cual están realizadas sus interconexiones.

BACKUP

Designa un dispositivo o un ordenador que puede utilizarse en lugar del principal. También se refiere a la copia física que se hace del contenido de un soporte magnético (disco, cinta).

BADGE

Dispositivo o tarjeta de identificación.

BAL
(Basic Assembly Language)

Lenguaje Assembly básico.

BALANCE

Saldo. Equilibrio.

BAND

Banda. Gama de frecuencia entre dos límites definidos.

BANDWIDTH

Anchura de banda.

BASE

Base.

ADDRESS

Dirección base.

REGISTER

Registro base.

TABULATION

Tabulación base.

BASIC
(Beginners All-purpose Symbolic Instruction Code)

Lenguaje simbólico de programación, que había sido concebido como lenguaje de «principiantes».

Significa básico cuando se utiliza dentro de una expresión (ver, por ejemplo, BOS, BTAM).

BATCH

Grupo. Lote.

PROCESSING

Procesamiento por lotes.

BATCHED

Agrupado.

BAUD

Baudio. Unidad de velocidad de transmisión de información. Es igual a un bit por segundo, en el caso de que cada señal transmitida es significativa.

BAUDOT CODE

Código de transmisión telegráfica a cinco bits. Igual al CCITT n.º 2.

BCD
(Binary Coded Decimal)

Código binario decimal. (Decimal codificado en binario.) Cada dígito decimal está representado por un grupo de 4 bits binarios.

BCS

Ver BUSINESS COMPUTER SYSTEM. Designa una gama de sistemas contables OLIVETTI.

BELL   (Comunicaciones.) Timbre, campana.

BENCHMARK   Medición del rendimiento de un ordenador comparado con uno de referencia, ejecutando el mismo trabajo.

BINARY   Binario.

   DIGIT   Dígito o cifra del sistema numérico binario. La palabra BIT es su contracción.

   SEARCH   Técnica de búsqueda sobre un fichero por medio de divisiones sucesivas en dos partes. Se llama también búsqueda dicotómica.

   SYNCHRONOUS
   COMMUNICATION   Comunicación binaria síncroma. Se abrevia BSC.

   SYNCHRONOUS
   TRANSMISSION   Transmisión binaria síncrona.

BIQUINARY CODE   Código biquinario.

BISAM   Método básico de acceso secuencial indexado.
**(Basic Indexed Sequential
Access Method)**

BISTABLE   Biestable.

BIT   Bit. Unidad elemental de información del sistema binario, al que sólo puede corresponder uno de los dos valores: 0,1.
(Binary digit)

   ADDRESSABILITY   Posibilidad de direccionamiento de bits.

   COMBINATION   Combinación de bits.

   CONFIGURATION   Configuración de bits

   DENSITY   Densidad de bits.

   DISPLAY   Representación de bits.

   PATTERN   Configuración de bits.

   RATE   Velocidad de transferencia de bits.

BITS PER INCH   Bits. por pulgada. Medida de densidad de grabación. Se abrevia BPI.

BLACK BOX   Caja negra.

BLANK   Blanco. Espacio en blanco.

BLOCK   Bloque. Conjunto de palabras, caracteres o dígitos que
                                  se manipulan como una unidad.

    COUNT   Cuentabloques.

    DIAGRAM   Diagrama de bloques.

    GAP   Ver GAP.

    LENGTH   Longitud de bloque.

    SORT   Clasificación por bloques.

BLOCKING   Agrupamiento en bloques.

BOOLEAN   Booleano.

    ALGEBRA   Algebra de Boole.

    EXPRESSION Expresión de Boole.

    LOGIC   Lógica de Boole.

    OPERATOR   Operador booleano.

BOOTSTRAP   Técnica o dispositivo diseñado para ponerse en un de-
                                  terminado estado por medio de su propia acción. Soft-
                                  ware de base que permite cargarse desde un dispositivo
                                  de entrada a través de sus propias instrucciones.

BOS   Sistema Operativo Base.
(Basic Operating System)

    PROGRAM EXECUTION   Ejecución de un programa en ambiente BOS.

BOT   Señal o marca de inicio utilizada en cinta magnética.
(Beginning Of Tape)

BOUND   Límite.

BOUNDARY ALIGNMENT   Alineación a fronteras. Situar un campo en una frontera
                                  de enteros de la memoria central.

BOX   Recuadro.

BPI   Ver BITS PER INCHE.

BPS   Bit por segundo (utilizado como unidad de velocidad de
                           transmisión).

BRANCH   Bifurcación. Bifurcar.

BRANCHING   Bifurcaciones.

BREAK   Interrupción.
  DOWN   Avería.
  POINT   Punto de interrupción.

BRIDGE   Puente.

BRIDGING   Pulsación simultánea de dos teclas.

BRUSH   Escobilla. Conjunto de conductores usados como lecto-
                           res de tarjetas perforadas mediante la detección de pre-
                           sencia o ausencia de agujeros.

BSC   Ver BINARY SYNCRONOUS COMMUNICATIONS.

BTAM   Método Básico de Acceso en Telecomunicaciones.
**(Basic Telecommunications
Access Method)**

BUCKET   Sector determinado de almacenamiento.

BUFFER   Almacenamiento intermedio.

BUFFERED   Con almacenamiento intermedio.

BUG   Error o defecto en un programa o avería en máquina.

BUILT-IN   Incorporado.

   CHECK   Verificación incorporada.

   FUNCTION   Función incorporada.

   ROUTINE   Rutina incorporada.

BULK CORE STORAGE   Memoria de núcleos de gran capacidad.

BUNDLING   Contrario de UNBUNDLING.

BUMP   Desechar. Rechazar.

BURST   Ráfaga o tren de impulsos. Dícese también al acto de separar las hojas de un formulario para su compaginación.

BUS   Camino principal para transmitir señales. Sinónimo de trunk.

BUSINESS   Negocios. Empresa.

   COMPUTER SYSTEM   Ordenador de oficina. Se abrevia BCS, y como tal, designa una gama de sistemas contables de OLIVETTI.

   DATA PROCESSING   Tratamiento de datos orientado a las empresas.

   GAME   Juego de empresas. Simulación de gestión empresarial.

   MACHINE   Máquina de oficina. Máquina contable.

BYPASS   Desvío, salto. Solución provisional para remediar una ejecución incorrecta.

BYTE   Agrupación básica de información binaria, equivalente a un carácter. Se conoce también por octeto, que es la agrupación más usual (8 bits más un bit de paridad). Pero existe también el sexteto. Es la contracción de Binary Term.

Llamada o llamar. En programación, transferir el control a una subrutina o programa.

C

CALCULATOR

Calculadora. Normalmente se aplica a los dispositivos que requieren la intervención de un operador. Es diferente de computer.

CALL

Llamar. En programación, transferir el control a una subrutina o programa.

CALLING

Llamada.

    FEATURE

Dispositivo de llamada.

    LIST

Lista de llamada.

    SEQUENCE

Secuencia de llamada.

CANCEL

Cancelación o cancelar.

    CHARACTER

Carácter de cancelación.

    KEY

Tecla de cancelación.

CAPACITOR

Condensador.

CAPACITY

Capacidad de almacenamiento. Cantidad de datos que una memoria puede almacenar.

CAPSTAN   Nombre dado al rodillo o eje de arrastre en los dispo-
                      sitivos a cinta magnética.

CARBON   Carbón. Entintado.

   RIBBON   Cinta entintada.

   RIBBON ATTACHMENT   Dispositivo de cinta entintada.

CARD   Tarjeta, Ficha.

   COLUMN   Columna de ficha.

   FEED   Alimentador de fichas.

   FIELD   Campo de ficha.

   FILE   Fichero de fichas.

   HOOPER   Cajetín de alimentación de fichas.

   IMAGE   Imagen de ficha.

   PUNCH   Perforadora de fichas.

   READER   Lectora de fichas.

   ROW   Fila de fichas.

   STACKER   Cajetín de recepción de fichas.

   SYSTEM   Sistema a fichas perforadas.

CARET   Símbolo (Λ) que indica intercalación.

CARRIAGE   Carro de impresión.

   CONTROL TAPE   Cinta de control de carro.

   RETURN   Retorno de carro.

   TAPE   Cinta de carro.

CARRIER   En transmisión, portadora (onda que soporta las señales
                      que constituyen la información).

CARRY   Arrastre o llevar, trasladar. Señal que se emite de for-
                      ma automática cuando la suma o producto en una posi-
                      ción excede la base del sistema de numeración que se
                      utiliza. Ejemplo: transmisión.

CARTRIDGE Cartucho. Unidad de soporte de almacenamiento que puede ser extraída y sustituida por otra. Se refiere principalmente a discos magnéticos.

CASSETTE Contenedor de cinta magnética de características físicas determinadas.

RESIDENT PROGRAM Programa residente en cassette.

UNITY Unidad de cinta de cassette.

CATALOG Catálogo o catalogar.

CATENA Cadena.

CATHODE RAY TUBE Tubo de rayos catódicos.

CAW Ver CHANNEL ADDRESS WORD.

CC Ver COMPLETION CODE y CONDITION CODE.

CCF Ver CHANNEL CONTROL FIELDS.

CCITT Comité Consultivo Internacional Telegráfico y Telefónico.

CCITT N.° 2 Código telegráfico a 5 bits.

CCITT N.° 5 Código telegráfico a 7 bits (1 de paridad) equivalente al código ISO-USASCII.

CCW Ver CHANNEL COMMAND WORD.

CELL Celda.

CENTRAL Central.

CONTROL UNIT Unidad Central de Control.

PROCESSING UNIT Unidad Central de Proceso. Se abrevia CPU.

PROCESSOR Procesador Central.

CHAD   Parte del soporte que se separa al hacer un agujero o muesca en tarjetas y cintas perforadas.

CHAIN   Cadena.

   PRINTER   Impresora de cadena.

   PRINTING UNIT   Unidad impresora de cadena.

CHAINED PROGRAM   Programa encadenado. Su ejecución es ordenada por otro programa.

CHAINING   Encadenamiento. Unión de una secuencia de instrucciones o de segmentos de programas o trabajos.

CHANGE   Cambio. Modificación.

CHANNEL   Canal.

   ADDRESS WORD   Palabra de dirección de canal (CAW).

   COMMAND   Mando de canal.

   COMMAND WORD   Palabra de mando de canal (CCW).

   CONNECTOR   Conector de canales.

   CONTROL FIELD   Campo de control del canal (PIOCS).

   STATUS CONDITION   Condición de estado de canal.

   STATUS FIELD   Campo de estado del canal.

   STATUS WORD   Palabra de estado de canal (CSW).

   WORK AREA   Area de trabajo del canal.

   WORK AREA
   EXPANSION   Extensión del área de memoria para la gestión de canales y/o input-output.

CHARACTER   Carácter. Designa generalmente, por ooosición con los dígitos numéricos, los caracteres o signos aceptados por el ordenador, y que corresponden a las letras, cifras y una serie de signos especiales.

   ALIGNMENT   Alineación de caracteres.

   BOUNDARY   Límite de carácter.

   CHECK   Verificación de caracteres.

CHARACTER (continuación)

RECOGNITION	Identificación de caracteres por medios automáticos.
SET	Juego de caracteres.
STRING	Serie de caracteres.

**CHARACTERS
MAGNETICS CODE 7** Código de reconocimiento mediante lectura magnética.

CHARACTERISTIC Característico.
Parte entera de un logaritmo; parte de un número de coma flotante que representa el exponente.

CHART Diafragma. Ver FLOWCHART.

CHECK Control. Comprobación. Comprobar, verificar.
Señalización de error.
Cheque, talón.

BIT	Bit de control, de comprobación.
DIGIT	Dígito de control, de comprobación. Es el resultado de un cálculo efectuado sobre el importe que se quiere controlar, y que se asocia a él.
FIELD	Campo de control.
REGISTER	Registro de control.
SUM	Suma de control, de comprobación.

CHECK POINT Punto de control. Punto de un programa donde se realizan comprobaciones o se graban registros para poder reanudar.

ENTRY	Entrada de punto de control.
RECORD	Registro de punto de control.
RESTART	Reanudación en un punto de control.
ROUTINE	Rutina de punto de control.

CHIP Micrológico. Circuito integrado.

CIRCUIT Circuito.

COMPONENT	Componente de un circuito.
LOAD	Carga de circuito.

CIRCUIT (continuación)

SWITCHING	Conmutación de circuitos.

CITATION INDEX   Lista de referencia.

CLASSIFY   Clasificar, ordenar.

CLAUSE   Cláusula. Utilizado en COBOL.

CLEAR   Borrar. Restaurar.

KEY   Tecla de borrado. Reset.

CLOCK   Reloj. Dispositivo de medición de la señal periódica usada en el control del tiempo de duración de las operaciones en un ordenador.

CLOSE   Macroinstrucción de cierre de un archivo (LIOCS).

CLOSED   Cerrado.

LOOP   Ciclo o bucle cerrado.

ROUTINE   Rutina cerrada que puede ser conectada a un programa por medio de enlaces (LINKAGES).

CLUSTER   Grupo de terminales, en el cual uno —el maestro (MASTER)— hace el papel de interfaz entre el ordenador central y cada uno de los demás terminales —o satélites (SLAVE).

CMC 7   Ver CHARACTERS MAGNETICS CODE 7.

COBOL
(COmmon Business Oriented Language)   Lenguaje simbólico de programación orientado a aplicaciones comerciales y de gestión. Fue definido en 1960 por el CODASYL (Conference of Systems Languages).

CODE   Código. Codificar.

CONVERSION   Conversión de Códigos.

SET   Conjunto de Códigos.

VALUE   Valor de Códigos.

CODED   Codificado.

CODED (continuación)

DECIMAL	Decimal codificado.
STOP	Parada codificada, programada.

CODER   Codificador.

CODING   Codificación.

FORM	Formulario para la codificación de un programa.
LINE	Línea de codificación.
SCHEME	Plan de codificación.

COLLATE   Intercalar. Igual que MERGE.

COLLATING SECUENCE   Secuencia de intercalación.

COLLATOR   Intercaladora.

COLON   Dos puntos (:).

COLUMN   Columna.

COMMAND   Orden para que se realice una función.

COMMENT   Comentario. Explicación.

FIELD	Campo descriptivo.
STATEMENT	Frase descriptiva.

COMMON   Común.

AREA	Area común.

COMMUNICATION   Comunicación.

CONTROL CHARACTER	Carácter de Control de Comunicaciones.
LINE	Línea de comunicación.
LINK	Enlace de comunicación.

COMPARE   Comparar.

COMPARISON   Comparación.

OPERATORS   Operadores de comparación.

COMPATIBILITY   Compatibilidad. Característica que permite que un dispositivo acepte datos preparados por otro sin modificaciones.

COMPILE   Compilar. Preparar un programa en lenguaje máquina partiendo de otro escrito simbólicamente.

COMPILER   Compilador. Programa del software de base que realiza la compilación.

COMPLEMENT   Complemento.

COMPLEXION CODE   Código utilizado en ciertos sistemas operativos OLIVETTI.

COMPOUND   Compuesto. Formado de dos o más elementos, expresiones, ...

COMPUTATIONAL   Referido a cálculo. (COBOL.)

COMPUTER   Ordenador. Computador. Computadora. Sistema electrónico que permite el proceso de datos, de manera automática, siguiendo las instrucciones de un programa. Las principales clases de ordenador son: el analógico, el digital, el de uso general, el de uso específico, el de oficina. También se distinguen los MICROCOMPUTERS, MINICOMPUTERS, MAIN FRAME COMPUTERS.

CONCATENATE   Reunir en una serie. Concatenar.

CONCATENATION   Concatenación.

CONCENTRATOR   Concentrador. Sistema del cual depende un cierto número de terminales y que a su vez está conectado a un ordenador central.

CONCURRENT   Concurrente.

CONDITION   Condición.

CONDITION (continuación)

    CODE   Código condición.

CONDITIONAL   Función sometida a una condición.

    BRANCH   Salto o bifurcación condicionada.

    JUMP   Bifurcación condicionada.

    TRANSFER   Transferencia condicional.

CONFIGURATION   Configuración. Conjunto específico de unidades interconectadas para operar en un sistema.

    SECTION   Sección de configuración. (COBOL.)

CONNECTOR   Conector. Representación gráfica en un diagrama de la continuidad de una operación de proceso.

CONSOLE   Consola. Parte de la máquina destinada a la comunicación directa con el operador.

CONSTANT   Constante.

CONTENTION   (Teleproceso.) Modo de gobierno de una red de terminales en el que la iniciativa del diálogo ordenador-terminal parte de éste.

CONSECUTIVE   Consecutivo.

CONTINUOUS FORM   Formulario continuo.

CONTROL   Control.

    CARD   Tarjeta de control.

    CHARACTER   Carácter de control.

    DICTIONARY   Diccionario de control.

    PROGRAM   Programa de control dentro de un sistema operativo.

    UNIT   Unidad de control.

    SWITCHING MODULE   Módulo residente en tarjeta para seguir programas residentes en soportes diferentes. Se usa en ambiente BOS.

CONVERSATIONAL Conversacional. Caracteriza un sistema en el cual existe un diálogo con el Operador. Sinónimo de interactivo.

MODE Modo conversacional.

MONITOR SYSTEM Sistema monitor conversacional.

REMOTE JOB ENTRY Entrada de trabajos a distancia y en modo conversacional.

TERMINAL Terminal conversacional.

CONVERT Convertir. Transformar.

CONVERTER Convertidor. Dispositivo que convierte datos o soportes de una a otra forma.

COPY Reproducir datos en una nueva ubicación.

CORE Núcleo.

IMAGE Imagen de memoria. Un programa que tiene esta forma es directamente ejecutable en la memoria principal.

IMAGE LIBRARY Biblioteca imagen de memoria.

STORAGE Memoria de núcleos.

COSMOS
(Communication Oriented Structure Modular Operating System) Sistema operativo OLIVETTI que utilizan los sistemas de la serie TC y DE-700.

COUNTER Contador.

COVER Cubierta.

CPU
(Central Processing Unit) Unidad central de proceso.

CR Ver CURRENT RECORD y CARRIAGE RETURN.

CRAM Ver CARD RANDOM ACCESS MEMORY.

CRC
(Control Recognition
Character)
(Cyclic Redundancy Check)

Carácter de control de grabación en soportes magnéticos (Olivetti). Control de redundancia cíclico.

CROSS

Cruzado.

CHECK

Control cruzado.

CRT

Tubo de rayos catódicos.

CRYOGENICS

Criogénico. Dícese de la propiedad de superconductor que adquieren algunos materiales al alcanzar temperaturas próximas al cero absoluto.

CSF

Ver CHANNEL STATUS FIELD.

CSM

Ver CONTROL SWITCHING MODULE.

CSW

Ver CHANNEL STATUS WORD.

**CT-SECTION OF JOB SET
LIBRARY**

Programas del Job Set residentes en cassette.

CTD
(Cassette Tape Duplex)

Segunda unidad de cassette (Olivetti).

CTU
(Cassette Tape Unit)

Unidad de cassette (Olivetti).

CURRENT

PROGRAM FIELD

Campo que contiene el nombre del programa en función.

RECORD

Récord actual. El leído en la última operación.

CURSOR   Cursor.

CUSTOMER   Cliente.

CWAE   Ver CHANNEL WORK AREA EXPANSION.

CYBERNETICS   Cibernética. Ciencia que estudia la teoría del control y de la comunicación tanto en el hombre como en la máquina.

CYCLE   Ciclo.

  TIME   Intervalo entre el comienzo de accesos sucesivos a posiciones de memoria.

CYLINDER   Cilindro. Generalmente se designa con él, el conjunto de posiciones en un disco al que se accede en un único desplazamiento de las cabezas de lectura-escritura.

D

DAS
(Disk Auxiliary Storage)

Almacenamiento auxiliar en disco (Olivetti).

DATA

Dato, datos.

AREA

Area de datos.

BANK

Banco de datos.

BASE

Base de datos.

BUS

Bus de datos.

COLLECTION

Recogida de datos.

COMMUNICATION

Comunicación, transmisión de datos.

DIVISION

División de datos. Uno de los componentes de un programa COBOL.

ENTRY

Entrada de datos. En abreviado DE, designa una gama de máquinas OLIVETTI para la recogida de datos.

FILE

Fichero de datos.

HIERARCHY

Jerarquía de datos.

ITEM

Item de datos.

MANAGEMENT SYSTEM

Sistema de gestión de los datos. Package standard para gestionar entre sí los datos de los ficheros (copiar, mantener, imprimir...) Se abrevia DMS (OLIVETTI).

DATA (continuación)

PROCESSING — Proceso de datos.
SET — Conjunto de datos.
STORAGE — Almacenamiento de datos.
TRANSMISSION — Transmisión de datos.

DATE — Fecha.

DCU
(Disk Cartridge Unit) — Unidad de disco intercambiable.

DEBUG — Depurar o eliminar errores.

DEBUGGING — Eliminación de errores.

DECIMAL — Decimal.

NUMBER SYSTEM — Sistema numérico decimal.

POINT — Punto decimal, que corresponde a nuestra coma, para separar la parte decimal de la entera.

TO BINARY CONVERSION — Conversión decimal a binario.

DECISION — Decisión.

MAKING — Toma de decisiones.
TABLE — Tabla de decisión.

DECK — Lote, paquete (de tarjetas o documentos).

DECLARATION — Declaración. Permite calificar variables, atributos.

DECLARATIVES — Declarativas. Frases que se encuentran en la PROCEDURE DIVISION de un programa COBOL.

DECODE   Decodificar.

DECREMENT   Decremento, cantidad en la que disminuye una variable

DEFAULT   Por omisión.

DELAY   Retardo, demora.

DELETE   Eliminar, anular.

DELETION RECORD   Registro que elimina a otro existente.

DELIMITER   Delimitador. Carácter(es) que marca(n) el fin y la separación entre secuencias.

**DEMAND
ON PROCESSOR**   Medida cuantitativa de la demora impuesta a la U.C.P. por un dispostivo periférico.

DEMODULATION   Demodulación. En comunicaciones, acto de convertir las señales de salida de línea en impulsos de entrada a una máquina o terminal.

DENSITY   Densidad. Ver RECORDING DENSITY.

DESK COMPUTER   Computadora de sobremesa.

DESTRUCTIVE READ   Lectura destructiva.

DETAIL   Detalle.
   FILE   Archivo de detalle. Es el opuesto a fichero maestro.
   PRINTING   Listado de detalle.

DEVICE   Dispositivo, unidad.

DEVICE (continuación)

CONTROL UNIT	Unidad de control del dispositivo.
NUMBER	Número de dispositivo.

DIAGNOSTIC   Diagnóstico.

ROUTINE   Rutina de diagnóstico.

DIAL   Dispositivo de selección. Escala o disco graduado.

DICHOTOMY   Dicotomía. Método de búsqueda en un archivo de acceso random.

DICTIONARY   Diccionario.

DIGIT   Dígito. Carácter numérico simple.

DIGITAL   Digital. Representado con dígitos. Contrario a analógico.

COMPUTER	Ordenador digital.
ENTRY	Entrada digital.
EQUIPMENT	Equipo digital.
INQUIRY	Consulta digital.
INTERFACE	Interconexión digital.

**DINAMIC
SECTION JOB SET**   Sección del Job Set que varía a lo largo de la ejecución.

DIRECT   Directo.

ACCESS	Acceso directo. Sinónimo de RANDOM ACCESS.
ACCESS DEVICE	Dispositivo de acceso directo.
ACCESS STORAGE	Almacenamiento de acceso directo.
ADDRESS	Dirección directa.
ADDRESSING	Direccionamiento directo. La dirección está incluida en la misma.
ORGANIZATION	Organización directa.

**DIRECTLY
ADDRESSABLE**   Direccionable directamente.

DIRECTORY   Directorio. Lista de direcciones en un programa o archivo.

DISABLE   Desactivar. Acto de poner un dispositivo en imposibilidad de responder a las señales de su unidad de control. Contrario de ENABLE.

DISABLED   Desactivado.

DISC   Ver DISK.

DISCRETE FORMS   Formularios discretos.

DISK   Disco. Soporte magnético para almacenar datos, en forma de disco.

     DRIVE   Dispositivo de disco.

     LABEL   Etiqueta de disco.

     OPERATING SYSTEM   Sistema operativo en disco. Se abrevia DOS. Sistema operativo OLIVETTI, disponible en A 7, en la serie TC-800.

     PACK   Pila intercambiable de discos. Se abrevia DISPACK.

     RESIDENT SYSTEM   Sistema residente en disco.

DISKETTE   Disco pequeño y ligero. Ver FLOPPY DISK.

DISPACK   Ver DISK PACK.

DISPLACEMENT   Desplazamiento.

DISPLAY   Visualización de datos. Dispositivo para visualizar los datos, que va desde una línea de visualización hasta una pantalla de rayos catódicos.

     LINE   Visualización de línea. Display de línea.

     POSITION   Posición de visualización, de display.

     UNIT   Unidad de visualización de datos.

DISQUETTE   Ver DISKETTE.

DIV   División.

DLE
(Data Link Escape)   Cambio de comunicación en líneas.

DMS **(Data Management System)**	Package OLIVETTI de gestión standardizada de datos de ficheros. (Copiar, mantener, imprimir...)
DO	Instrucción que permite construir un bucle (LOOP) repetitivo de instrucciones (PL/1, FORTRAN, BASIC, PASCAL).
DOS	Ver DISK OPERATING SYSTEM.
DOUBLE	Doble.
PRECISION	Precisión doble. Utilización de dos palabras por operando.
DOWNTIME	Tiempo de inactividad.
DP	Ver DATA PROCESSING.
DRIVE	Se refiere siempre a la unidad que gobierna el soporte.
DROP	Eliminar.
DRUM	Tambor.
PRINTER	Impresora de línea a tambor.
STORAGE	Almacenamiento en tambor.
DTF **(Define The File)**	Macroinstrucción que define un fichero y cómo procesarlo.
DUAL	Doble.
DUMMY	Simulado, ficticio.
DUMP	Vuelco de memoria. Copiar el contenido de la memoria en un soporte externo.
DUPLEX	Dúplex. Define el tipo de transmisión: full dúplex (simultánea en ambas direcciones) o semi dúplex (en una sola dirección a la vez).
DYNAMIC	Dinámico.

DYNAMIC (continuación)

ALLOCATION	Asignación dinámica.
MEMORY	Memoria dinámica.
MEMORY RELOCATION	Reubicación dinámica de memoria.

E

E-13 B

Conjunto de caracteres numéricos especiales de determinado tipo, impresos en tinta magnetizable que permite su lectura automática. Ver FONT.

EAM
(Electrical Accounting
Machine)

Máquinas electromecánicas de contabilidad o de equipos clásicos.

EBCDIC
(Extended Binary Coded
Decimal Interchange Code)

Código a 8 bits, que representa una extensión del BCD a 6 bits.

ECHO-CHECK

Comprobación o control por eco. Generalmente hace referencia a un control de la perforación en cinta de papel.

ECMA
(European Computer
Manufacturers Association)

Asociación Europea de Fabricación de Ordenadores.

EDGE — Margen, borde.

  PUNCHED CARD — Tarjeta de perforación marginal. Habitualmente se denomina EDGE CARD.

  PUNCHED DOCUMENT — Documento de perforación marginal.

EDIT — Edición, impresión. Editar o visualizar un dato para su eventual modificación.

  CODE — Código de edición.

  MODE — Modalidad de edición.

EDITING — Formato de edición, impresión.

  MASK — Máscara de edición.

  RULES — Reglas para preparar la edición.

EDITOR — Véase TEXT EDITOR.

EDP
(Electronic Data Processing) — Proceso electrónico de datos.

EFFECTIVE — Efectivo.

  ADDRESS — Direccionamiento efectivo. Resultante de operaciones específicas de modificación de dirección.

  SPEED — Velocidad efectiva. Promedio de velocidad real de un dispositivo.

  TRANSFER RATE — Velocidad media de transferencia de datos de un almacenamiento o ubicación a otro u otra.

EJECT — Expulsar, expulsión.

ELECTRONIC — Electrónico.

ELECTRONICS — Electrónica.

ELECTROSTATIC
STORAGE — Almacenamiento electrostático. Utiliza cargas eléctricas para representar datos; por ejemplo: condensadores.

EM   Ver END OF MEDIUM.

EMITTER   Emisor.

EMOS   Sistema operativo del sistema 6.000 (OLIVETTI).
**(Extended Multiprogramming
Operating System)**

EMPTY   Vacío.

EMS   Ver EXTENDED MEMORY STORAGE.

EMULATION   Emulación. Técnica para hacer compatibles programas
                                entre ordenadores diferentes.

EMULATOR   Dispositivo y software que realiza procesos de emula-
                                ción.

ENABLE   Activar. Poner un dispositivo en condición de diálogo con
                                su unidad de control. Contrario de DISABLE.

ENCIPHER   Cifrar.

ENCODE   Codificar.

END   Fin. Instrucción final de programa fuente Assembly.
   MARK   Señal de fin.
   OF ADDRESS   Fin de dirección.
   OF BLOCK   Fin de bloque.
   OF DATA   Fin de datos. Parte de cinta no registrada que señala el
                                final de los datos.
   OF FILE   Fin de archivo (sólo en cassette).
   OF FILE MARK   Marca de fin de archivo.
   OF JOB   Fin de trabajo.

END (continuación)

OF LINE	Final de línea.
OF MEDIUM	Fin del soporte.
OF MESSAGE	Fin de mensaje.
OF PAGE	Fin de folio, de página de programa.
OF PROGRAM	Fin de programa.
OF RECORD	Fin de récord.
OF TAPE	Fin de cinta.
OF TEXT	Fin de texto.
OF TRACK	Fin de pista (sólo en cassette).
OF VOLUME	Fin de volumen (sólo en cassette).
USER	Usuario final. Permite distinguir el verdadero usuario de un equipo del que compra material informático para luego transformarlo y volver a venderlo (OEM).

ENQUIRY   Consulta. Consultar.

ENTER   Dar entrada, hacer ingresar.

ENTROPY   Entropía. Cantidad de información no disponible.

ENTRY   Entrada.

   POINT   Punto de entrada de una rutina a la que se traspasa el control.

   (-POINT) NAME Nombre definido en el módulo al que se hace referencia.

ENVIRONMENT   Entorno, configuración.

   DIVISION   Es un componente de un programa COBOL que describe las características del ordenador y de los ficheros utilizados.

EOA   Ver END OF ADDRESS.

EOB   Ver END OF BLOCK.

EOD   Ver END OF DATA.

EOF   Ver END OF FILE.

EOJ   Ver END OF JOB.

EOM   Ver END OF MEDIUM.

EOS   Sistema operativo ampliado (Olivetti).
(Extended Operating System)

   PROGRAM EXECUTION   Ejecución de un programa en ambiente Eos.

EOT   Ver END OF TAPE. También END OF TRANSMISSION
                                 (fin de transmisión) y END OF TRANSACTION (fin de
                                 movimiento).

EOV   Fin de volumen. Fin de un soporte que forma parte de
(End Of Volume)   un archivo.

EQUAL   Igual.

EQUIPMENT   Equipo.

ERASABLE STORAGE   Almacenamiento que se puede borrar y volver a utilizar.

ERASE   Borrar.
   HEAD   Cabeza de borrado.

ERLANG   (Comunicaciones.) Unidad de intensidad de tráfico, igual
                                 al tiempo medio de ocupación de un canal dividido por
                                 el tiempo total de servicio.

ERROR   Error.
   CHECKING   Verificación de errores.

ERROR (continuación)

CONDITION	Condición de error.
CONTROL	Control de error.
CORRECTING CODE	Código de corrección de error.
DETECTING CODE	Código de detección de errores.
RESET	Borrado de la señal de error.
STOP	Parada por error.

ESC   Abreviatura de escape.

ESCAPE   Liberación del control del programa Olivetti.

CHARACTER   Carácter que indica un cambio en la codificación. (Comunicaciones.)

ETB   Ver END OF TRANSMISSION BLOCK.

ETR   Ver END OF TRACK.

ETX   Ver END OF TEXT.

EXCESS-THREE CODE   Código de exceso en 3. Cada dígito en BCD se expresa en su equivalente binario $N+3$.

EXCHANGE   Central de conmutación telegráfica o telefónica.

EXCLUSIVE OR   OR exclusivo. Véase OR.

EXECUTE   Ejecutar. Abreviado en EXEC, es un comando en ciertos sistemas operativos.

EXECUTIVE   Ejecutivo/a. Operativo/a.

EXECUTION   Ejecución.

CYCLE	Ciclo de ejecución.
TIME	Tiempo de ejecución.
ROUTINE	Rutina de supervisión de un sistema operativo.

EXIT

Salida. Punto de un programa en el cual el control sale del programa.

EXPANSION

Expansión.

EXPLICIT

Explícito.

OPERAND

Operando explícito. No simbólico.

ADDRESSING

Direccionamiento en el que la label o la etiqueta viene expresada.

EXPONENT

Exponente.

EXTENDED

Extendido, ampliado.

MEMORY STORAGE

Almacenamiento extendido de memoria.

OPERATING SYSTEM

Sistema operativo extendido (EOS).

EXTENT

Extensión. Area física definida de un disco.

EXTERNAL

Externo. Caracteriza un identificador reconocible externamente (PL/1).

LINE

Línea externa. Línea que conecta un terminal MASTER o un STAND-ALONE a un ordenador remoto o a un concentrador.

MEMORY

Memoria externa.

NAME

Nombre externo.

PROCEDURE

Procedimiento externo.

STORAGE

Memoria externa.

EXTRACT

Extraer, sacar.

EXTRAPOLATION

Extrapolación. Acción de extender características de una entidad a otra u otras.

F

FACILITY	Recurso. Medio.
FACILITIES	Conjunto de recursos, medios.
FACSIMILE	Facsímil. Reproducción exacta de un documento, localmente o a distancia (telecopia o telefacsímil).
FALL BACK	Interrupción del servicio.
FALSE	Falso.
DROP	Referencia errónea.
RETRIEVALS	Referencias erróneas. Origina una búsqueda falsa.
FAST	Rápido.
ACCESS STORAGE	Memoria de acceso rápido.
MEMORY	Memoria rápida.
FAULT	Avería de un dispositivo.
FAX	Facsímil.

FDOS
(Floppy Disk Operating Syrtem)

Sistema operativo del $\overline{A}$-6 y del BCS-2030/3 (OLIVETTI).

FDT
(Field Definition Table)

Lenguaje Olivetti para describir los campos de entrada, en ciertos equipos con pantalla.

FEATURE

Dispositivo.

FEED

Alimentar.

CYCLE

Ciclo de alimentación.

HOLES

Perforaciones de alimentación en impresos.

PITCH

Distancia entre perforaciones de alimentación.

ROLL

Rodillo de alimentación.

ROLLERS

Rollos de alimentación.

TRACK

Canal o pista de arrastre en cintas perforadas.

FEEDBACK

Realimentación. Retroacción.

CONTROL

Control por realimentación.

LOOP

Bucle de realimentación.

FEEDER

Dispositivo de alimentación.

FETCH

Búsqueda. Obtener datos de un almacenamiento mediante lecturas.

PROTECTION

Protección de almacenamiento contra la búsqueda.

FF

Ver FORM FEED.

FIELD

Campo (de datos).

DEFINITION

Definición de campo.

DESCRIPTOR

Descriptor de campo.

LENGTH

Longitud de campo.

NAME

Nombre de campo.

FIFO
(First-in - First-out)
Método de valoración de existencias apoyado en el principio: primero en entrar, primero en salir.

FILE
Archivo. Fichero. Conjunto de récords relacionados.

ATTRIBUTE — Atributo de archivo (PL/1).

GAP — Separación entre archivos.

HEADER LABEL — Etiqueta de cabecera del archivo (cassette, cinta).

IDENTIFIER — Nombre asociado a un archivo.

LABEL — Etiqueta de archivo. En los discos, las etiquetas se graban en la VTOC.

LAYOUT — Diseño, descripción de archivo.

MAINTENANCE — Mantenimiento de un archivo.

NAME — Nombre del archivo.

OPENING — Apertura de archivo.

ORGANIZATION — Organización de archivo.

PROCESSING — Proceso de archivo.

RECOVERY AREA — Area del disco para protección de archivos.

REEL — Bobina de alimentación.

SECTION — Sección que describe físicamente los archivos (COBOL).

SEPARATOR — Separador de archivos.

SEQUENCE NUMBER — Número de secuencia del archivo.

TABLE — Tabla que contiene la información referente al archivo.

UPDATING — Actualización de archivo.

FILLING CHARACTER
Carácter de relleno.

FIRMWARE
Programas grabados en una memoria inalterable (ROM).

FIRST
Primero.

READING STATION — Estación de primera lectura.

FIXED   Fijo.

    LENGTH RECORD   Registro de longitud fija.

    POINT ARITHMETIC   Aritmética de punto fijo (debe entenderse: coma fija).

    POINT-PART   Parte de coma fija en un numeral de coma flotante. Mantisa.

    WORD LENGTH
    COMPUTER   Ordenador de palabras de longitud fija.

    STORAGE   Almacenamiento fijo, de sólo lectura.

FLAG   Símbolo separador o identificador.

FLIP-FLOP   Báscula biestable. Flip-Flop.

FLOATING   Flotante.

    POINT ARITHMETIC   Aritmética de coma flotante.

    POINT REGISTER   Registro de coma flotante.

FLOPPY DISK   Disco flexible, de capacidad pequeña. Sinónimo de DIS-KETTE, DISQUETTE.

FLOW   Flujo. Circulación.

    CHART   Mapa o diagrama de flujo. Organigrama.

    DIAGRAM   Diagrama de flujo.

FONT   Familia o colección de caracteres de un particular tipo, por ejemplo: E-13 B, CMC-7, etc.

FOREGROUND   Partición de memoria preferente donde se ejecutan los programas de prioridad alta. Por oposición con BACK-GROUND.

FORM   Formulario. Impreso. Forma.

    DESIGN   Diseño de impresos.

    FEED   Alimentación de impresos. Salto vertical.

    FEED GUIDE   Guía de alimentación de impresos.

FORM (continuación)

SKIP   Salto de impresos.

FORMAT   Formato. Dar formato. Se refiere a la predisposición de datos en discos, pantallas.

LIST   Lista de formatos.

FORTRAN
(FORmula TRANslator)   Traductor de fórmulas. Lenguaje orientado a problemas planteados en forma matemática.

FORWARD   Avanzar. Mover una bobina o rollo hacia adelante. Marcha adelante.

FPL
(File Processing Language)   Lenguaje Olivetti (DE 700) para procesar los archivos creados en la fase de entrada de datos, con el otro lenguaje FDT.

FRA   Ver FILE RECOVERY AREA.

FRACTION   Fracción. Mantisa.

FRAME   Cuadro. Configuración. Estructura. Ver MAIN FRAME.

FREE   Libre.

STACK AREA   Area libre del Stack.

FROM   Forma libre. Forma de trabajar en máquina sin sujetarse a programa.

FREQUENCY
MODULATION   Modulación de frecuencia.

FRICTION FEED PLATEN   Rodillo de alimentación por fricción.

FRONT FEED   Alimentador o introductor frontal de fichas o documentos.

FS   Ver FILE SEPARATOR.

FULL   Pleno. Completo.

FULL (continuación)

DUPLEX	Dícese de la transmisión simultánea e independiente de datos en las dos direcciones de una conexión de comunicación entre dos puntos.
TIME	Tiempo completo. Tiempo pleno.

FUNCTION — Función. Parte ejecutiva de la instrucción.

FUNCTIONAL — Funcional.

ANALYSIS	Análisis funcional.
CHART	Diagrama funcional.
DESIGN	Diseño funcional.

G

GAP	Separación entre bloques o registros.
GARBAGE	Información inservible.
GATE	Puerta.
GATE FILE	Unidad de discos, tipo puerta.
GATHER-WRITE	Operación de escritura en la que los datos origen se toman de almacenamientos no contiguos.
GENERAL	General.
PURPOSE COMPUTER	Ordenador de uso general.
GENERATE	Generar programas.
GENERATION	Generación.
GENERATOR	Generador de programas. Programa diseñado para construir de forma automática otros programas.

GIGA	(Prefijo.) Mil millones.
GIGAHERTZ	Mil millones de ciclos por segundo.
GO TO	Instrucción simbólica de direccionamiento: ir a.
GOTRAN	Programa FORTRAN «LOAD AND GO». Ver este término.
GRAPHIC DATA PROCESSING	Proceso de datos que opera con gráficos (en entrada o en salida).
GRAY CODE	Código de Gray. Es un tipo de código binario.
GREATER THAN	Mayor que. Se abrevia GT.
GREATER THAN OR EQUAL TO	Mayor que o igual a. Se abrevia GE.
GROUND	Masa, tierra.
GROUP	Grupo.
CALCULATION	Cálculo por grupos.
EXTENSION	Ampliación por grupos.
MARK	Señal especial final de registro.
PRINTING	Tabulado.
SEPARATOR	Código separador de grupo.
SORTING	Clasificación por grupos.
THEORY	Teoría de grupos.
GS	Ver GROUP SEPARATOR.
GUIDE	Guía.
PLATE	Placa guía.

H

HALF   Medio. Semi.

    DUPLEX   Semi-dúplex. En comunicación, dícese de la transmisión que se puede realizar en ambos sentidos, pero no simultáneamente.

    TIME   Medio tiempo. Mitad de tiempo.

    WORD   Media palabra.

HALT   Parada. Detención.

    INSTRUCTION   Instrucción de parada.

HAMMER   Martillo de impresión.

HAND REST   Apoyamano.

HAND-FEEDING   Alimentación manual.

HANDLER   Manipulador.

HANDLY   Manualmente.

HAND-RESET Borrado manual.

HARD COPY Salida impresa. Designa habitualmente la impresión sobre papel del contenido en una pantalla.

HARDWARE Máquinas, equipos, dispositivos y soportes (físicos).

SEPARATOR Separador, fuera de código, generado automáticamente por la máquina, por ejemplo: HS1,HS2 (Olivetti).

HASH Información inservible.

HDR Ver FILE HEADER LABEL.

HEAD Cabeza (de lectura, grabación o borrado).

HEADER Cabecera. Encabezamiento.

BLOCK Bloque de inicio.

LABEL Etiqueta de cabecera.

RECORD Registro de cabecera.

TABLE Tabla de cabecera.

HEADING Ver HEADER.

HERTZ Unidad de frecuencia: un ciclo por segundo.

HEURISTIC Heurístico. Opuesto a algorítmico. Método que utiliza exploraciones sucesivas, sin secuencia preestablecida para el acercamiento a un problema.

HEXADECIMAL Hexadecimal. Sistema numérico de base 16, utilizando como símbolos las cifras 0 a 9 y las letras A a F.

HIFO
(High Input, First Output) Método de valoración de existencias apoyado en el principio: mayor valor en entrada, primero en salida. Las entradas de mayor valor, son las primeras en salir.

HIGH Alto.

LEVEL LANGUAGE Lenguaje de alto nivel.

HIGH (continuación)

LOW-EQUAL-COMPARE	Comparación mayor, menor, igual que.
ORDER POSICION	Posición de orden superior en un número.
SPEED SELECTOR CHANNEL	Canal selector de alta velocidad.
SPEED STORAGE	Almacenamiento de alta velocidad de acceso.

HOLDING   Retención.

    FILE   Archivo de reserva.

    TIME   Tiempo de retención de una línea (en telecomunicaciones).

HOLE   Perforación.

HOLLERITH CODE   Código de perforación alfanumérica en tarjetas.

HOME   Inicial, base, local.

HOPPER   Dispositivo de alimentación.

HORIZONTAL TABULATION   Tabulación horizontal.

HOST   Literalmente: anfitrión; en informática designa el ordenador principal de una instalación.

    COMPUTER   Ordenador principal.

    SYSTEM   Sistema principal.

HOUSE-KEEPING   Preparación inicial de una máquina por medio de programas.

HS 1   Separador hardware.

HS 2   Separador hardware.

HT   Ver HORIZONTAL TABULATION.

HUB   Agujero de un panel de conexiones.

HUNTING   Búsqueda permanente de equilibrio en un servocontrol.

I

IDENTIFICATION	Identificación.
DIVISION	División de identificación (COBOL).
SEQUENCE FIELD	Campo de identificación de la secuencia de un programa.
BADGE	Tarjeta de identificación.
IDENTIFIER	Identificador. Nombre o dirección que identifica una entidad.
IDENTIFY	Identificar.
IDLE	En vacío.
CHARACTER	Carácter de relleno (teleproceso).
CYCLE	Ciclo en vacío.
TIME	Tiempo en vacío.
IDP (Integrated Data Processing)	Tratamiento integrado de datos.

IFA   Introductor frontal automático de fichas (Olivetti).

IFAM   Introductor frontal automático de fichas con pista magnética (Olivetti).

ILLEGAL   Prohibido.

IMAGE   Imagen. Duplicado de una información o programa almacenado en un soporte diferente.

IMMEDIATE   Inmediato.

   ACCESS   Acceso inmediato.

   ADDRESS   Dirección inmediata.

   VALUE   Valor inmediato, expresado en el operando de una instrucción.

IMPLICIT ADDRESSING   Direccionamiento en el que la etiqueta no está expresada de manera explícita.

IMS
(Information Management
System)   Sistema de gestión de la información. Con este nombre o con nombres parecidos, designa un SOFTWARE STANDARD para gestionar los datos en sí y entre sí, hasta obtener eventualmente listados o tabulados. Ver DMS. No confundir con MIS (MANAGEMENT INFORMATION SYSTEM).

INACTIVE   Inactivo. Contrario de ACTIVE.

INCH   Pulgada. Equivalente a 2,54 cm.

INCLUSIVE OR   Or inclusivo. Véase OR.

INCREMENT   Incremento. Cantidad en la que aumenta una variable.

INDELIBLE ADDRESS   Dirección imborrable (en discos).

INDEX   Indice. Lista ordenada de un contenido. Usase también como modificador de una dirección añadiendo o substrayendo el contenido de un registro índice. «Indexar».

INDEX (continuación)

FACTOR	Factor índice.
FEATURE	Dispositivo de índice.
NAME	Nombre de índice.
REGISTER	Registro índice.

INDEXED
Indexado.

ADDRESS	Dirección indexada.
SEQUENTIAL ACCESS METHOD	Método de acceso secuencial indexado. Se abrevia ISAM.
SEQUENTIAL ORGANIZATION	Organización secuencial indexada. Califica un fichero cuyos registros están ordenados por índice.

INDEXING
Modificación por índice de una dirección. «Indexación».

INDICATOR
Indicador. Dispositivo que informa sobre la existencia de una situación particular.

INDIRECT ADDRESSING
Direccionamiento indirecto. La dirección no se encuentra en la instrucción.

INFORMATION
Información.

FEED BACK	Realimentación de la información (Teleproceso).
MANAGEMENT SYSTEM	Véase IMS.
PROCESSING	Tratamiento de la información.
RETRIEVAL	Recuperación de la información. Designa en particular una característica del software de algunos equipos de tratamiento de textos (TES 501 OLIVETTI).
SYSTEM	Sistema de información.

INITIAL
Inicial.

PROCEDURE	Procedimiento inicial (PL/1).
PROGRAM LOAD	Carga del programa inicial. Inicialización del Sistema operativo cargando su primer programa. Se abrevia IPL.
VALUE	Valor inicial.

INITIALIZE

Iniciar. Poner en el estado adecuado los dispositivos de una máquina para iniciar un trabajo. Se usa generalmente el anglicismo inicializar.

INK

Tinta.

INLINE PROCESSING

Proceso en línea. Los datos se procesan a medida que se presenta en la línea (Teleproceso). Opuesto a BATCH PROCESSING.

INPUT

Entrada. Acto de transferir datos o programas desde un almacenamiento externo a la memoria principal.

AREA

Area de entrada.

BUFFER

Memoria intermedia de entrada.

DEVICE

Unidad de entrada.

FILE

Fichero de entrada.

JOB STREAM

Instrucciones de control de trabajos que entran en el sistema.

LINE

Línea de entrada.

INPUT/OUTPUT

Entrada/Salida.

AREA

Area de entrada/salida.

BUFFER

Memoria intermedia de entrada/salida.

CHANNEL

Canal de entrada/salida.

CONTROL SYSTEM

Sistema de control de entrada/salida. Parte integrante del sistema operativo que gestiona las transferencias de datos entre memoria central y los dispositivos de entrada/salida. Comprende dos partes: el sistema físico (PIOCS) y el lógico (LIOCS).

CONTROL UNIT

Unidad de control de entrada/salida.

DEVICE

Dispositivo de entrada/salida.

SECTION

Sección de entrada/salida (COBOL).

INQUIRY

Consulta. Pregunta. En muchos sistemas OLIVETTI, corresponde a una tecla que permite parar la ejecución del programa para efectuar operaciones de consulta o de debugging.

REQUEST

Petición de consulta.

STATION

Estación de consulta.

INSTRUCTION   Instrucción.

     ADDRESS   Dirección de instrucción.

     CODE   Código de instrucción.

     COUNTER   Contador de instrucciones.

     CYCLE   Ciclo de instrucción.

     FIELD   Campo de instrucción.

     FORMAT   Formato de instrucción.

     LENGTH   Longitud de instrucción.

     REGISTER   Registro de instrucciones.

     SET   Juego. Conjunto de instrucciones.

     SHEET   Hoja de instrucciones.

INTEGER   Entero.

INTEGRATED   Integrado.

     CIRCUIT   Circuito integrado.

     CONFIGURATION   Configuración integrada.

     DATA PROCESSING   Ver IDP.

INTERACTIVE   Interactivo. Califica un modo de proceso en el cual a cada entrada corresponde una respuesta por parte del ordenador. Sinónimo de CONVERSATIONAL.

INTERBLOCK   Interbloque.

     GAP   Espacio separador entre bloques.

**INTERCHANGEABLE
DISK CARTRIDGE**   Unidad de disco intercambiable.

INTERFACE   Interfaz. Conexión entre dos dispositivos.

INTERLEAVE   Intercalar en operaciones simultáneas. Interpolar.

INTERLOCK   Medio de control que impide el que un dispositivo u operación sea interferido por otro, por ejemplo: bloqueo de teclado cuando la máquina de escribir está recibiendo datos de la memoria.

INTERMEDIATE   Intermedio.

INTERNAL   Interno.

   CODE   Código interno.

   LINE   Línea interna, que conecta un terminal MASTER a los satélites (SLAVES).

   NAME   Nombre interno.

   PROCEDURE   Procedimiento interno (PL/1).

   STORAGE   Almacenamiento interno.

INTERPOLATION   Interpolación.

INTERPRETER   Interpretador, que traduce y ejecuta las instrucciones de un programa fuente, de una en una (BASIC).

INTER-RECORD GAP   Espacio separador entre registros.

INTERRUPT
INTERRUPTION   Señal, condición o suceso que produce una detección del proceso.

INTO   En, dentro de.

INVALID   Errado, invalidado, inválido.

INVERTED FILE   Archivo invertido. Método de organización de archivos.

I/O   Ver Input-Output.

IOCS   Ver Input-Output Control System.

IPL   Véase INITIAL PROGRAM LOAD.

IPSO
(Interface Peripheral
Standard Olivetti)

Standard Olivetti de interconexión de periféricos.

ISAM

Véase INDEXED SEQUENTIAL ACCESS METHOD.

ISO
(International
Standard Organization)

Organización internacional para la standarización de normas.

ITEM

Item, unidad elemental de información.

ITERATE

Iterar. Ejecutar repetidamente una serie de operaciones hasta que se cumple una determinada condición.

ITERATIVE

Iterativo. Repetitivo.

CALCULUS

Cálculo iterativo.

SEQUENCE

Secuencia iterativa.

J

JACK   Conexión. Conector.

JAM   Atascamiento de tarjetas.

JOB   Unidad de trabajo en proceso de datos.

   CONTROL LANGUAGE   Lenguaje de control de trabajos. Se abrevia JCL (S-6.000).

   LOGGING   Registro cronológico de trabajos realizados.

   ORIENTED TERMINAL   Terminal especializado en un determinado trabajo (teleproceso).

   SET   Conjunto de trabajos (programas) de una aplicación.

   SET CONTROL   Control por programa del encadenamiento de trabajos. Sistema operativo A. 7 (Olivetti).

   SET GENERATOR   Generador de un Job Set.

   SET LANGUAJE   Lenguaje particular empleado para crear un JOB SET CONTROL especial.

   SET MODE   Selección operativa para ejecución de programas en Job Set (ambiente Eos).

   SET PROGRAM   Programa perteneciente a un Job Set.

JOB (continuación)

SET TRANSLATOR	Traductor de lenguaje Job Set.
STEP	Paso de trabajo. En ciertos sistemas operativos, un JOB puede comprender varios STEPS.
STREAM	Sucesión de trabajos. Relacionado con el INPUT JOB STREAM.

JUMP — Bifurcación. Salto.

    INSTRUCTION — Instrucción de bifurcación o salto.

JUMPER — Puente. Usado normalmente para dar nombre de selección o código de denominación a una unidad periférica.

JUSTIFICATION — Justificación. Alineación de márgenes en una hoja impresa.

JUSTIFY — Alinear márgenes (Tratamiento de textos). Por ejemplo: LEFT JUSTIFY, RIGHT JUSTIFY (Alinear a la izquierda, a la derecha). Alinear datos en un registro.

K

K

Abreviatura de Kilo, que en informática corresponde a 1024 (2^{10}). Se refiere usualmente a K-BYTES, y designa la capacidad de almacenamiento de la memoria central de un ordenador; por ejemplo: ordenador de 256 K.

KEY

Tecla (de un teclado, de un panel...)
Clave (de un registro, para su identificación).

KEYBOARD

Teclado.

BUFFER

Memoria de teclado.

KEYED

Entrado, digitado. Referido a clave.

DIRECT ACCESS

Acceso directo por clave.

KEYPUNCH

Perforadora.

KILOCYCLE

Kilociclo. Mil ciclos por segundo. Medida de frecuencia en transmisión sin líneas de comunicación.

KILOHERTZ

Mil ciclos por segundo. Kilociclo por segundo.

L

LABEL   Etiqueta que identifica un grupo de instrucciones, un ar-
                                   chivo, un soporte físico...

LAG   Demora.

LANGUAGE   Lenguaje.
  TRANSLATION   Traducción de lenguajes.

LARGE   Grande.
  CAPACITY   De gran capacidad.

LASER   Amplificación de la luz por estímulo en la emisión de
(Light Amplification   radiaciones.
by Stimuleted Emission
of Radiation)

LAST   Ultimo.

LATENCY TIME   Latencia. Tiempo de espera. Igual que WAITING TIME.

LAYOUT

Diseño. Descripción esquemática de un tratamiento (diagrama, organigrama), de un fichero, de un impreso.

LCB

Véase LINE CONTROL BOLCK.

LEADER

Dícese generalmente de lo que está al inicio. Espacio de cinta no usada al principio de una bobina. También, registro que precede a otros y que define el grupo.

LEADING

Ver LEADER.

    EDGE

Borde delantero.

    ZEROS

Ceros a la izquierda.

LEAPFROG TEST

Rutina de prueba del funcionamiento interno de una máquina.

LEAST SIGNIFICANT

Menos significativo (referido a bit, caracter, digit...)

LEDGER

Cuenta, contable.

    CARD

Ficha contable.

    STORAGE

Archivo de fichas contables.

LEFT

Izquierda.

    ALIGNED

Alineación por la izquierda.

    JUSTIFIED

Igual que LEFT ALIGNED.

    PLATEN

Rodillo izquierdo.

LENGTH

Longitud. Véase BLOCK LENGTH, RECORD LENGTH.

LESS THAN

Menor que. Se abrevia LT.

LETTER

Letra. Carácter alfabético.

LEVEL

Nivel.

    INDICATOR

Indicador de nivel, dentro de una jerarquía. Por ejemplo: FD, SD, RD en COBOL.

    NUMBER

Número de nivel, para identificar los niveles de descripción de datos en COBOL (01 a 49; niveles especiales 66, 77, 88).

LIBRARIAN PROGRAM

Programa bibliotecario, que gestiona una biblioteca.

LIBRARY

Biblioteca. Archivo organizado de ficheros con características comunes. Se refiere generalmente al archivo de los programas. Ejemplo: SOURCE LIBRARY (librería de programas fuentes).

LIFO
(Last In, First Out)

Método de valoración de mercancías, basado en el principio: última en entrar, primera en salir.

LIGHT

Luz (señal luminosa).

PEN

Lápiz fotosensible.

LINE

Línea. Línea de comunicación. Línea impresa.

ADAPTER

Adaptador de línea (comunicaciones).

CONTROL

Control de línea (comunicaciones).

COUNTER

Contador de líneas impresas.

DELAY

En transmisión, retardo (demora) de línea.

FEED

Avance de línea.

PRINTER

Impresora de líneas.

PRINTING

Impresión línea a línea.

SPACING

Interlínea.

SWITCHING

Conmutación de líneas (comunicaciones).

LINEAR PROGRAMMING

Programación lineal. Se utiliza en investigación operativa, para encontrar el máximo o el mínimo de una función lineal de variables.

LINK

Vínculo, unión.

LINKABLE

Conectable. Enlazable.

LINKAGE

Codificación que conecta rutinas o segmentos de programas.

EDITOR

Programa del Sistema Operativo que ensambla módulos y produce un programa en formato ejecutable por el sistema (Olivetti).

LINKAGE (continuación)

SECTION	Sección de enlace (COBOL).

LIOCS
(Logical Input-Output
Control System)

Programa del Sistema Operativo para el control lógico del input-output. Véase INPUT-OUTPUT CONTROL SECTION

LIST   Lista. Listar.

LISTING   Listado.

LITERAL   Literal.

LOAD   Cargar. Carga.

ADDRESS   Dirección de carga.

AND GO   Cargar y ejecutar.

INSTRUCTION   Instrucción de carga.

MODULE   Módulo de carga.

POINT   Punto de carga.

LOADER   Cargador. Programa del Sistema Operativo que permite cargar en memoria tanto módulos objeto como módulos procedentes del montador, haciéndolos ejecutables.

LOADING ROUTINE   Rutina de carga.

LOCAL   Local.

LOCATION   Ubicación. Cualquier punto de un almacenamiento que pueda direccionarse.

COUNTER   Contador de direcciones del programa ensamblador.

LOCK   Bloqueo. Inactivación.

LOCKED   Bloqueado.

LOCKOUT

Cierre. Empléase para designar prohibiciones dentro de un sistema de máquinas.

LOG

Registro cronológico (de operaciones, situaciones, errores).

LOG OFF

Poner fin a una sesión de comunicaciones de un terminal (EMOS-6.000).

LOG ON

Iniciar una sesión de comunicaciones de un terminal (EMOS-6.000).

LOGIC

Lógica.

LOGICAL

Lógico/a. Se opone a PHYSICAL. Algunos autores utilizan esta palabra como si fuera española para designar el software.

ADDRESS — Dirección lógica.

COMPARISON — Comparación lógica.

DESIGN — Diseño lógico.

FILE — Archivo lógico.

INPUT-OUTPUT
CONTROL SYSTEM — Sistema lógico de control de entrada/salida (LIOCS).

OPERATOR — Operador lógico, de tipo booleano (AND, OR, NOT).

RECORD — Registro lógico.

RELATION — Relación lógica (EQ, NE, LT, LE, GT, GE).

LOGICIAL

Algunos autores utilizan esta palabra como si fuera española para designar el software, al igual que el LOGICAL, por oposición con el MATERIAL (en lugar del harware).

LONGITUDINAL

Longitudinal.

PARITY CHECK — Control de paridad longitudinal. Se realiza al final de cada bloque con los bits de cada pista.

REDUNDANCY CHECK — Control de redundancia longitudinal.

LOOK-UP

Consultar.

LOOP   Bucle. Secuencia de instrucciones repetitiva. Cada repetición se llama ciclo.

    COUNTER   Contador de bucles.

    TRANSMISSION   Transmisión en bucle.

LOW   Bajo.

    ORDER   Orden inferior.

    SPEED   Velocidad baja (transmisión).

LOWER   Inferior. Más bajo.

    SPROCKET   Arrastre inferior.

    TRACTOR   Arrastre inferior.

LP   Puede referirse a LEFT PLATEN o LINEAR PROGRAMMING.

LRC   Control longitudinal de redundancia.
(Longitudinal Redundancy Check)

LS   Ver LOWER SPROCKET.

LSD   Dígito menos significativo.
(Lowest Significant Digit)

LSI   Integración a gran escala. Técnica de fabricación de circuitos.
(Large Scale Integration)

LT   Menor que.
(Less Than)

M

MACHINE Máquina.

   ADDRESS Dirección máquina. Igual que ABSOLUTE ADDRESS.

   CODE Código en lenguaje máquina.

   CYCLE Ciclo de máquina.

   INSTRUCTION Instrucción en lenguaje máquina.

   LANGUAGE Lenguaje máquina.

   RUN Pasada de máquina.

MACRO Es una abreviación de MACRO INSTRUCTION y se traduce por macro o macro-instrucción. Es una instrucción en lenguaje fuente que el MACRO ASSEMBLER transforma en una secuencia de instrucciones.

   ASSEMBLER Ensamblador de macro-instrucciones.

   CALL Llamada de macro-instrucción.

   LIBRARY Biblioteca de macro-instrucciones.

   PROGRAMMING Programación de macro-instrucciones. No es el contrario de MICROPROGRAMMING.

MAGAZINE Depósito (de tarjetas o documentos).

MAGNETIC

Magnético.

CARD	Tarjeta magnética.
CHARACTER	Carácter impreso en tinta magnetizable.
CHARACTER READER	Lectora de caracteres magnéticos.
CASSETTE	Cinta magnética en cassette.
CORE	Núcleo magnético.
CORE STORAGE	Memoria de núcleos magnéticos.
DISK	Disco magnético.
DOCUMENT READER	Lector de documentos magnéticos.
DRUM	Tambor magnético.
INK CHARACTER RECOGNITION	Reconocimiento de caracteres escritos con tinta magnética.
LEDGER CARD UNIT	Soporte de ficha contable con pista magnética.
LOOP UNIT	Unidad de bucle de cinta magnética (Olivetti).
STORAGE	Almacenamiento magnético.
TAPE	Cinta magnética.
TAPE UNIT	Unidad de cinta magnética.

MAIN

Principal.

FRAME	Unidad principal. Equivalente a CPU. Suele utilizarse para identificar un ordenador «grande» (capaz de ser la estructura principal de una instalación de informática), por oposición con los miniordenadores y microordenadores.
MEMORY	Memoria central de la máquina.
PROGRAM	Programa principal.
STORAGE	Almacenamiento principal.
TASK	Tarea principal.

MAINTENANCE

Mantenimiento.

MAJOR   Mayor.

**MANAGEMENT
INFORMATION SYSTEM**   Sistema de información de gestión, obtenido por el proceso automático de datos, y destinado a ayudar las funciones de dirección y de gestión. Se abrevia MIS. No confundir con IMS, DMS.

MANTISSA   Mantisa.

MANUAL   Manual.

     ADDRESS SWITCH   Llaves manuales de selección de direccionamiento.

     CONTROL   Control manual.

     ENTRY   Entrada manual.

     EXCHANGE   Central manual (comunicaciones).

     FEED   Alimentación manual.

     INPUT   Entrada manual.

     OPERATION   Operación manual.

MAP   Mapa. Lista que indica las áreas de memoria ocupadas por datos y programas.

MARGIN   Margen.

MARK   Marca, señal.

     READING   Lectura de marcas.

     SENSING   Dícese de la técnica de lectura de señales de lápiz realizadas sobre tarjetas u otros documentos.

     SENSING CARDS   Tarjetas para lectura de marcas.

     SENSING PUNCHING   Perforación por lectura de marcas.

MARKER   Marcador.

MASK   Máscara. Palabra utilizada para la retención o eliminación de caracteres o bits dentro de un conjunto.

MASS Masa.

DATA Datos masivos.

STORAGE Almacenamiento grande, de masa, auxiliar.

MASTER Maestro. Suele designar el terminal maestro, es decir, aquel que tiene un papel preponderante para el diálogo operador-sistema, en las instalaciones con varios terminales o puestos de trabajo. También designa el terminal maestro en una configuración de tipo CLUSTER.

CARD Tarjeta maestra.

CONSOLE Consola maestra.

FILE Archivo maestro o principal.

RECORD Registro maestro.

MATCH Comparar y seleccionar tarjetas.

MATRIX Matriz. Grupo ordenado de cantidades de dos o más dimensiones que se manipula conforme a reglas definidas.

MAXIMAL Máximo.

MAXIMUM FILE SIZE Extensión máxima del archivo.

MC Ver MAGNETIC CARD.

SECTION OF JOB SET
LIBRARY Programas pertenecientes a un Job Set residentes en tarjeta magnética.

MCL Ver MICROCOMPUTER LANGUAGE.

MCU Ver MAGNETIC CARD UNIT.

MECHANICAL Mecánica/o.

MEDIA Plural de MEDIUM. Soportes.

MEDIUM Soporte. Medio (adjetivo).

SPEED Velocidad media.

MEGA   Prefijo: Un millón.

    BYTE   Un millón de bytes.

    CYCLE   Megaciclo. Un millón de ciclos.

    HERTZ   Un millón de ciclos por segundo: un Megaciclo por segundo.

MEM   Nemotécnico de memoria.

MEMORY   Memoria. Generalmente hace referencia a la memoria principal de la unidad central.

    CAPACITY   Capacidad de memoria.

    CYCLE   Ciclo de memoria.

    DUMP   Verter el contenido de la memoria sobre otro soporte.

    MAP   Mapa de memoria. Véase MAP.

    PROTECTION   Protección de memoria.

    REGISTER   Registro de memoria.

MERGE   Intercalar, fusionar archivos.

MERGING   Intercalación, fusión.

MESSAGE   Mensaje. Cantidad arbitraria de información transmitida como una unidad desde un dispositivo a otro. Normalmente se refiere a comunicaciones a través de línea.

    FILE   Archivo de mensajes.

    SWITCHING   Conmutación de mensajes.

MFT   Multiprogramación con un número fijo de tareas. Véase
(Multiprogramming with   MVT.
a Fixed number of Tasks)

MICR   Ver MAGNETIC INK CHARACTER RECOGNITION.

MICRO   Millonésima.

   CODE   Microcódigo. Se refiere a micro instrucciones.

   COMPUTER   Microordenador. Ordenador elemental construido en torno a un microprocesador.

   INSTRUCTION   Microinstrucción. Instrucciones máquina, generalmente contenidas en una memoria de tipo ROM.

   PROCESSOR   Microprocesador, compuesto de circuitos integrados y capaz de realizar las funciones de un CPU.

   PROGRAM   Microprograma, compuesto de microinstrucciones.

   PROGRAMMING   Microprogramación. Programación a base de microinstrucciones.

   SECOND   Microsegundo.

MILLIMICROSECOND   Mil millonésima de segundo. Ver NANOSECOND.

MILLISECOND   Milisegundo. Milésima de segundo: $1/10^3$.

MINICOMPUTER   Miniordenador. Ordenador de características medianas, por oposición a los ordenadores grandes (MAIN FRAME). Un miniordenador puede ser un BCS (BUSINESS COMPUTER SYSTEM), un concentrador (CONCENTRATOR).

MINIDISK   Minidisco. Soporte magnético de tipo disco blando, de baja capacidad (algunos K). Utilizado en TES-401, BCS 2.005, BCS 2.030/1 (OLIVETTI).

MINIMAL   Mínimo.

MINOR   Menor. Inferior.

MINUEND   Minuendo.

MINUS   Menos. Signo de resta.

MIS   Ver MANAGEMENT INFORMATION SYSTEM.

MISFEED   Introducir un soporte o documento de forma errónea.

MIX   Mezcla. Conjunto de componentes básicos de un todo.

MLCU   Ver MAGNETIC LEDGER CARD UNIT.

MLU   Ver MAGNETIC LOOP UNIT (Olivetti).

MNEMONIC   Mnemotécnico. Técnica de ayuda a la memoria.

  OPERATION CODE   Código de operación mnemotécnico.

MOD/DEMOD   Ver MODEM.

MODE   Modalidad.

MODEL   Modelo. Patrón.

MODEM   Modem. Modulador-Demodulador. Dispositivo de inter-
(MOdulator-DEModulator)   conexión de una línea de comunicación y un dispositivo
                                     de tratamiento de datos o un terminal.

MODIFY   Modificar. Modificación.

MODULAR   Modular. Compuesto por elementos o módulos relaciona-
                                     bles entre sí.

  COMPONENTS   Componentes modulares.

  DEVICES   Dispositivos modulares.

  PROGRAM   Programa en módulos.

MODULATION   Modulación. Acto y hecho de convertir los impulsos de
                                     salida de una máquina en señales aptas para envío a
                                     línea de comunicación.

MODULE   Módulo. Bloque de almacenamiento que se puede añadir
                                     para aumentar la capacidad de un sistema.
                                     Se emplea también para designar cualquier unidad inter-
                                     cambiable o añadible.

                                     Componente autónomo de un programa, es decir, compila-
                                     ble independientemente del resto del programa. Se emplea
                                     también para designar cualquier unidad intercambiable o
                                     añadible.

MONITOR

Monitor. Construido por programas del sistema operativo que residen en memoria y permiten cargar en memoria central los programas y ejecutarlos (EMOS-6.000).

MONTE CARLO METHOD

Método de Monte Carlo. Investigación operativa. Técnica de aproximaciones sucesivas por cálculos iterativos, para problemas con gran número de variables sin solución analítica directa.

MOS
(Metal Oxide Semiconductor)

Designa una clase de transistores realizados con un metal, un óxido y un semiconductor (silicio).

MOVE

Transferir. Mover.

MPS
(Macro Processing System)

Lenguaje máquina del Sistema DE 520 (Olivetti).

MSD
(Most Significant Digit)

Dígito más significativo.

MSI

Ver MEDIUM SCALE INTEGRATION.

MTBF
(Mean Time Between Failure)

Tiempo medio entre averías.

MULTIADDRESS

Direcciones múltiples.

MULTIFILE VOLUME

Soporte con más de un archivo.

MULTIPLE

Múltiple.

ADDRESS INSTRUCTION

Instrucción de direcciones múltiples.

ASSEMBLY

Ensamblaje de programas múltiples.

CONECTOR

Conector múltiple.

COPY CONTROL

Control de copias múltiples.

FORM

Formulario múltiple.

MULTIPLEX   Transmitir dos o más mensajes simultáneamente por el mismo canal, o vía.

MODE   Modo multiplex.

**MULTIPLEXOR
CHANNEL**   Canal que permite la transmisión simultánea de más de un mensaje desde y a dispositivos periféricos de entrada/salida lentos.

MULTIPLICATION   Multiplicación.

MULTIPOINT   Multipunto (comunicaciones). Línea o red con varios puntos terminales.

MULTIPRECISION   Utilización de más de 2 palabras por cada operando.

MULTIPROCESSING   Multiproceso. Ejecución simultánea de dos programas. Sinónimo de PARALLEL PROCESSING.

MULTIPROCESSOR   Ordenador con más de una unidad central de proceso.

MULTIPROGRAMMING   Multiprogramación. Técnica para el desarrollo de más de un programa por medio de intercalación o solapamiento entre sí, en un ordenador monoprocesador.

MULTITASKING   Multitarea. Prácticamente tiene el mismo significado que multiprogramación.

MULTIVOLUME FILE   Archivo multivolumen. El archivo ocupa más de un soporte.

MVT   Multiprogramación con un número variable de tareas.

**(Multiprogramming with a
Variable Number of Tasks)** Contrasta con MFT.

MYLAR TAPE   Cinta de mylar.

MULTIPLEX

MODE

MULTIPLEXOR
CHANNEL

MULTIPLICATION

MULTIPORT

MULTIPROCESSOR

MULTIPROCESSING

MULTIPROCESSOR

MULTIPROGRAMMING

MULTITASKING

MULTIVOLUME FILE

MVS

MYLAR TAPE

N

NAK	Ver NEGATIVE ACKNOWLEDGE CHARACTER.
NAME	Nombre.
NAND	Función booleana negativa de AND.
NANOSECOND	Nanosegundo. Mil millonésima de segundo: $1/10^9$.
NE **(Not Equal to)**	No igual a.
NEGATIVE	Negativo/a.
ACKNOWLEDGE CHARACTER	Carácter de respuesta negativa (Comunicaciones).
ANSWER	Respuesta negativa.
BALANCE	Saldo negativo.
NEST	Enclavar una rutina o bloque de datos dentro de otra estructura con idéntica forma. Anidamento.

NESTING   Inclusión.

    LEVEL   Nivel de inclusión.

NET   Neto.

    BALANCE   Saldo neto.

NETWORK   Red. Conjunto de líneas de transmisión de datos uniendo un ordenador con terminales remotos.

NEW LINE   Nueva línea de impresión. Interlínea.

    CHARACTER   Carácter de cambio de línea.

NEXT   Siguiente.

    SEQUENTIAL
    INSTRUCTION   Instrucción secuencial siguiente.

NEXUS   Nexo.

NO   No. Negación de operación lógica.

    OPERAND   Instrucción no operativa.

NODE   Nodo.

NOISE   Ruido, interferencia. En sentido amplio cualquier perturbación aleatoria en el funcionamiento normal de un dispositivo.

NON   No.

    CIRCUIT   Circuito negativo.

    DATA OPERATION   Operación sin movimiento de datos.

    DESTRUCTIVE READOUT   Lectura no destructiva.

    EQUIVALENCE   No equivalencia. Or exclusivo.

    ERASABLE STORAGE   Almacenamiento no borrable.

    EXECUTABLE STATEMENT   Instrucción no ejecutable.

NON (continuación)

LINEAR PROGRAMMING — Programación no lineal. En investigación operativa, encontrar el máximo o el mínimo de una función no lineal de variables.

STOP OPERATION — Operación continua.

VOLATILE STORAGE — Almacenamiento estable. (Retiene la información aun faltando energía.)

NOR
(Not OR) — Operador lógico NO O.

NORMAL
PROGRAM EXECUTION — Ejecución de un programa en ambiente normal.

NORMALIZE — Normalizar. Ajustar el exponente y parte fija de una representación en coma flotante para que su correspondiente de coma fija quede dentro de un espacio preestablecido.

NOT — Operador lógico NO.

NRZ
(Non Return to Zero) — Grabación sin vuelta a cero. Modalidad de grabación en cinta magnética.

NUCLEUS — Núcleo. Parte del programa central del sistema operativo que permanece de manera fija en la memoria central.

NULL — Nulo. Anulación.

NUMBER — Número.

NUMERIC — Numérico.

NUMERICAL — Numérico.

ACCOUNTING MACHINE — Máquina numérica de contabilidad.

ANALISIS — Análisis numérico.

CONTROL — Control numérico.

SYSTEMS — Sistemas de numeración.

OBJECT　　　　　　　　　Objeto. Absoluto.

　CODE　　　　　　　　　　Código objeto, es decir, ejecutable por la máquina.

　FORMATS　　　　　　　　Formato objeto de un programa.

　LIBRARY　　　　　　　　Biblioteca de programas objeto.

　LANGUAGE PROGRAM　　Programa en lenguaje máquina.

　PROGRAM　　　　　　　Programa objeto (interpretable por la máquina).

　TIME　　　　　　　　　Tiempo de pasada del programa objeto.

OCR　　　　　　　　　　Reconocimiento automático de caracteres mediante lec-
(Optical Character　　　tura óptica.
Recognition)

OCTAL　　　　　　　　　Sistema numérico de base 8.

OCTET　　　　　　　　　Octeto. Conjunto de 8 bits. Byte.

ODD　　　　　　　　　　Impar.

　BIT COUNT　　　　　　　Suma de bits impares.

　EVEN CHECK　　　　　　Control de paridad par-impar.

ODD (continuación)

PARITY CHECK	Control de paridad impar.
REDUNDANCY MODE	Modalidad de redundancia por número impar.

OEM
(Original Equipment
Manufacturer)

Identifica el mercado de los fabricantes de material informático que compran elementos básicos o independientes (memorias, microprocesadores, dispositivos de entrada-salida), para incorporarlos a los equipos que venden al usuario final (END USER).

OFF

Fuera de servicio. Inactivo. Desconectado.

OFFICE AUTOMATION

Automatización de los trabajos de oficina. Corresponde a la palabra francesa «bureautique», que se traduce en español por burótica u ofimática. Se refiere al tratamiento de textos y mensajes.

OFF-LINE

Fuera de línea. Se refiere al equipo o dispositivo que no está en comunicación directa con la unidad central. Opuesto a ON LINE.

OFF-SET

Fuera de conjunto. Desplazamiento.

TOTAL PRINTING

Impresión lateral (desplazada) de los totales.

OLD

Anterior, previa.

ON

Activo. Conectado.

DEMAND SYSTEM

Sistema de información inmediata.

THE FLY

Dícese de las impresoras en las que los tipos o dispositivos de impresión están en continuo movimiento durante el proceso de impresión. v. g.: las impresoras de cadena y las de tambor en su mayoría.

ON-LINE

En línea. Se refiere al equipo o dispositivo comunicados directamente con la unidad central de proceso de forma constante. Opuesto a OFF-LINE.

ONE
Uno.

ADDRES INSTRUCTION — Instrucción de una sola dirección.

FOR ONE — Uno a uno.

PASS COMPILER — Compilador de un paso. Consiste en leer el programa fuente, compilar y editar el programa objeto.

OPEN
Abierto. Abrir.

ENDED — Ampliable.

ROUTINE — Rutina abierta.

OPERAND
Operando. Parte de una instrucción que indica la unidad de datos con la que se ejecuta una operación. También puede ser un dispositivo de la máquina.

FIELD — Campo operando.

OPERATING
Operativo. En funcionamiento.

ENVIRONMENT — Ambiente operativo. Conjunto de funciones que el Sistema Operativo pone a disposición para la ejecución de programas.

KEY — Tecla operativa.

SYSTEM — Sistema operativo. Conjunto de programas que hace posible la preparación y la ejecución de programas aplicativos en un ordenador. Las posibilidades de un sistema operativo son más o menos extensas según los tipos de trabajo o aplicación que se pretenden cubrir. También dependen del número de dispositivos hardware que lleva el ordenador. Se abrevia OS. Se conocen también el BOS (BASIC OPERATING SYSTEM), el EOS (EXTENDED OPERATING SYSTEM), el DOS (DISK OPERATING SYSTEM), el EMOS (EXTENDED MULTIPROGRAMMING OPERATING SYSTEM), el COSMOS (COMMUNICATION ORIENTED STRUCTURE MODULAR OPERATING SYSTEM), el FDOS (FLOPPY-DISK-OPERATING SYSTEM).

OPERATION
Operación.

CODE — Código de operación.

CONTROL LANGUAGE — Lenguaje de control de operaciones. Lenguaje de control en los ordenadores de tipo conversacional. Se abrevia OCL.

OPERATION (continuación)

FIELD — Campo de operaciones.

MANUAL — Manual del operador.

OPERATIONAL RESEARCH

Investigación operativa.

OPERATOR

Operador, persona que hace trabajar a una máquina. También símbolo que indica la acción que hay que ejecutar sobre uno o más operandos. (Operadores lógicos AND y OR.)

CALL — Dispositivo de llamadas al operador.

OPTICAL

Optico.

CHARACTER RECOGNITION — Ver OCR.

CHARACTER SENSING — Lectura óptica de caracteres.

DISPLAY PLOTTER — Véase PLOTTER.

MARK PAGE READER — Lector óptico de páginas.

SCANNER — Explorador óptico. Lector.

OPTIMIZE

Optimizar.

OPTIONAL

Opcional.

STOP INSTRUCTION — Instrucción de parada optativa.

OR

Función lógica booleana, OR inclusivo, o suma lógica. Responde a la siguiente regla:

	0	1
0	0	1
1	1	1

El OR exclusivo o no equivalencia responde a la siguiente regla:

OR (continuación)

	0	1
0	0	1
1	1	0

cuando se expresa solamente OR se refiere al OR inclusivo.

ORDER   Ordenar. Orden. Pedido. Pasar un pedido.

   OF MERGE   Orden de intercalación.

OS   Ver OPERATING SYSTEM.

OSM   Ver OVERLAY SEARCH MODULE.

OS/VS   Sistema operativo con memoria virtual (OPERATING SYSTEM/VIRTUAL STORAGE).

OUT OF RANGE   Fuera de escala.

OUTPUT   Salida. Acto de transferir información desde la memoria principal a dispositivos periféricos.

   AREA   Area de salida.

   BUFFER   Memoria intermedia de salida.

   DATA   Datos de salida.

   DEVICE   Unidad de salida.

   FILE   Fichero de salida.

OVER   Prefijo que indica sobre, exceso.

OVERFLOW   Superación de capacidad.

   INDICATOR   Indicador de superación de capacidad.

   SKIP   Salto como consecuencia de superación de capacidad en impresión.

OVERHEAD

Término genérico referido a las desventajas que lleva consigo algo que es útil. Por ejemplo: el espacio que ocupa un Sistema Operativo.

OVERLAP

Solapar, sobreposicionar, superponer.

OVERLAPPING

Solapamiento.

OVERLAY

Técnica de segmentación de programas. Segmento de programa autocargable.

FATHER

Segmento principal de un programa dividido en overlays.

SEARCH MODULE

Módulo de búsqueda de overlays.

OVERPRINTING

Sobreimpresión.

OVERPUNCH

Perforación de columnas 11 y 12 en tarjetas.

P

PAC Programa aplicativo de control para gestionar los recursos del sistema utilizados por los programas aplicativos locales (OLIVETTI TC-800).

PACK Empaquetar. Almacenar dos dígitos numéricos en un byte.

PACKAGE Paquete o lote de programas. Suele referirse al paquete de programas que resuelven una aplicación concreta.

PACKED Empaquetado

   DECIMAL Decimal empaquetado.

   FIELD Campo empaquetado.

PACKING DENSITY Densidad de grabación.

PAD Rellenar.

PADDING RECORD Registro de relleno.

PAGE Página. Segmento de programa.

   FOOTING Pie de página (COBOL).

PAGE (continuación)

HEADING	Encabezamiento de página (COBOL).
PRINTER	Impresora de páginas.
READER	Lector de páginas.

PAGING Paginación.

PAL Programa aplicativo local gestionado por un puesto de trabajo (OLIVETTI TC-800).

PANEL Tabla de conexiones.

PAPER Papel.

HANDLING	Manipulación de papel.
HANDLER	Gobierno de impresos.
SKIP	Salto de papel.
TAPE	Cinta de papel.

PARAGRAPH Párrafo.

NAME	Nombre de párrafo.

PARALLEL Paralelo. Simultáneo.

BY BIT	Bits en paralelo.
CHARACTERS TRANSMISSION	Transmisión paralela de caracteres.
PROCESSING	Igual que MULTIPROCESSING.

PARAMETER Parámetro.

PARITY Paridad.

BIT	Bit de paridad.
CHEK	Control de paridad.
ERROR	Error de paridad.

PARTITION   Partición. Fraccionamiento de la memoria.

   AREA   Fraccionamiento del área de memoria en biprogramación.

PASS   Pasada. Ciclo compuesto de entrada-tratamiento-salida en la ejecución de un programa.

PASSWORD   Contraseña.

PCOS   Sistema Operativo del M20 (Olivetti).
(Professional Computer Operating System)

PATCH   Parche.

PATTERN RECOGNITION   Identificación de figuras, formas o sonidos de manera automática.

PCU   Ver PERIPHERAL CONTROL UNIT.

PERFORATED TAPE   Cinta perforada.

PERFORMANCE   Rendimiento, productividad.

PERIPHERAL   Periférico.
   CONTROL UNIT   Unidad de control periférico.
   DEVICE   Dispositivo periférico.
   EQUIPMENT   Equipo periférico.

PERMANENT   Permanente.
   ERROR   Error permanente.
   FILE   Archivo permanente.
   MEMORY   Memoria permanente.
   STORAGE   Almacenamiento permanente.

PERSONAL MINICOMPUTER   Miniordenador de uso personal que uno mismo puede programar, sin conocimientos profundos de programación.

PERT
(Project Evaluation
and Review Technique)

Método dinámico para planificación y control de proyectos, basado en la determinación de los caminos críticos.

PHASE

Fase.

MODULATION

Modulación de fase.

PHONEME

Fonema.

PHYSICAL

Físico/a.

CHARACTERISTICS

Características físicas.

CONVERSION

Conversión de un soporte a otro sin alteración del formato de los records.

I/O CONTROL SYSTEM

Sistema de control de la conexión entre LIOCS y el periférico. Se abrevia PIOCS.

RECORD

Registro físico; opuesto a LOGICAL RECORD.

PICTURE

Descripción (COBOL).

PIN PAD
(Personal Identification
Number)

Teclado numérico para entrar un código de control o de contraseña.

PINFEED

Arrastre de impresos por rodillo dentado. Distancia entre puntos correspondientes como: caracteres, filas, pistas.

PINCH ROLLER

Rodillo de presión. Rodillo de goma que presiona contra el CAPSTAN.

PIOCS

Ver PHYSICAL I/O CONTROL SYSTEM.

PITCH

Distancia entre puntos correspondientes, como: caracteres, filas, pistas.

PL/I
(Programing Language I)

Lenguaje de alto nivel orientado a aplicaciones, tanto comerciales y de gestión, como científicas.

PLANNING   Planificación.

PLATEN   Rodillo.

PLOT   Graficar. Trazar. Delinear.

PLOTTER   Dispositivo trazador de gráficos.

PLUG   Enchufe (clavija).
   IN   Enchufable.

PLUGBOARD   Panel. Tabla de conexiones para el control de máquinas electromecánicas.

PMM   Ver PROGRAM MANAGEMENT MODULE.

POCKET   Ver STACKER.

POINT   Punto. Puede referirse a la coma decimal (en los sistemas americanos, se utiliza el punto como separador decimal).
   TO POINT   Punto a punto.
   TO POINT LINE   Línea punto a punto.
   TO POINT TRANSMISSION   Transmisión punto a punto.

POINTER   Indicador, guía, apuntador.

POLAR
CURRENT OPERATION   (Comunicaciones.) Funcionamiento a 4 hilos, o 2 hilos más tierra. (Telegrafía.)

POLYNOMIAL   Polinómico.

POLLING   Sondeo.
   LIST   Lista de interrogación a terminales de una red (teleproceso).

POOL   Grupo. Reunir. Verter en una cinta los contenidos de otras.

POSITION Posición de memoria o almacenamiento.

POST Asentar, contabilizar.

POSTING Asiento, contabilización.

POSTMORTEM ROUTINE Rutina de diagnóstico consistente en un vaciado de memoria sobre un soporte externo para localizar el error.

    FAIL Caída (fallo) de tensión de alimentación eléctrica.

    OFF Desconexión.

    ON Activación.

PREANALYSIS Análisis previo.

PRECISION Grado de aproximación con que se expresa una cantidad.

POWER Potencia. Alimentación eléctrica.

PRE-EDIT Pre-editar.

PREFIX Prefijo.

PRESENSING Lectura previa.

PRESET Condición o variable establecida antes de iniciar una rutina.

PRESUMPTIVE ADDRESS Dirección que se altera por modificación para formar una efectiva.

PRIMARY Primario/a.

    STORAGE Almacenamiento principal.

PRINT   Impresión.

    BUFFER   Bufer de impresión.

    CONTROL   Control de impresiones.

    DUMP PROGRAM   Programa de impresión total del contenido de memoria.

    EDIT   Edición para impresión.

    OUT   Salida impresa.

    POSITIONS   Posiciones de impresión.

    SET   Grupo de impresión.

    STORAGE   Almacenamiento para impresión.

    SUPPRESSION   Supresión de la impresión.

    UNIT   Unidad de impresión.

PRINTED   Impreso.

    CIRCUIT   Circuito impreso.

    COPY   Texto impreso.

    FORM   Formulario impreso.

PRINTER   Impresora.

PRINTING   Impresión.

PRIORITY   Prioridad. Calificación de preferencia.

    CONTROL   Control de prioridad.

    INDICATORS   Indicadores de prioridad.

    LEVEL   Nivel de prioridad.

    LIST   Lista de prioridad.

    PROGRAM   Programa de prioridad.

PRIVATE   Privado.

    CIRCUIT   Circuito privado.

    LIBRARY   Biblioteca privada.

PRIVATE (continuación)

LINE	Línea privada (de punto a punto).
LINE NETWORK	Red privada (de comunicaciones).
TELEGRAPH NETWORK	Red telegráfica privada.
TELEPHONE NETWORK	Red telefónica privada.
VOLUME	Volumen privado.

PRIVILEGED
INSTRUCTION Instrucción privilegiada de uso restringido a las rutinas de un Sistema Operativo.

PROBLEM Problema.

DESCRIPTION	Descripción del problema.
ORIENTED LANGUAGE	Lenguaje orientado a problema.
SOLVING	Solución de un problema.

PROCEDURE Procedimiento. Acción para solucionar un problema. Bloque de instrucciones identificado por su nombre, en ciertos lenguajes.

DIVISION División de procedimientos: una de las principales partes de un programa COBOL.

LIBRARY Librería de procedimientos.

NAME Nombre de procedimiento.

ORIENTED LANGUAGE Lenguaje orientado al procedimiento, por oposición a los lenguajes orientados a máquinas. El PL/1 y el PASCAL son lenguajes estructurados por procedimientos. El COBOL, BASIC son lenguajes orientados a los procedimientos.

PROCESS Proceso, en el terreno industrial.

AUTOMATION	Automatización de procesos de tipo industrial.
CONTROL	Control de procesos.
TIME	Tiempo de proceso (en el ordenador).

PROCESSING Proceso, en el sentido informático. Véase DATA PROCESSING, WORD PROCESSING...

UNIT Unidad de proceso. Véase CENTRAL PROCESSING UNIT.

PROCESSOR Procesador. Unidad de proceso.

PRODUCT   Producto.

PROGRAM   Programa. Programar.
    CARD   Tarjeta de programa.
    CHECK   Verificación, control de programa. Error de programa.
    CHECK INTERRUPTION   Interrupción por error de programa.
    COMPATIBILITY   Compatibilidad de programas, que, escritos en un determinado lenguaje pueden procesarse en ordenadores diferentes.
    CYCLE   Ciclo de programa.
    EXECUTION   Ejecución de programa.
    EXIT   Salida de programa.
    FETCH   Búsqueda y carga de programas.
    GENERATOR   Generador de programas. Véase RPG.
    INSTRUCTION   Instrucción de programa.
    LEVEL   Nivel de programa.
    LIBRARY   Biblioteca, librería de programas.
    LISTING   Listado de programas.
    LOADER   Cargador de programa. Véase IPL.
    MODE   Selección operativa para la ejecución de un programa (BOS).
    RECOVERY TABLE   Area del disco para memorizar información del programa que se utiliza en el relanzamiento.
    RELOCATION   Reubicación de programas.
    RUN   Ejecución de programa.
    SEGMENT   Segmento de programa.
    SEGMENTATION   Segmentación de programa.
    SELECTION   Selección de programas.
    SHEET   Hoja de programación, de codificación.
    SPECIFICATIONS   Especificaciones de programa.
    STATEMENT   Sentencia, instrucción de programa.
    STATUS WORD   Palabra de estado de programa.

PROGRAM (continuación)

STEP	Paso de programa.
TESTING	Prueba de programa.

PROGRAMMED
Programado.

PROGRAMMER
Programador.

PROGRAMMING
Programación.

LANGUAGE	Lenguaje de programación.
SYSTEM	Sistema de programación.

PROM
(Programmable Read
Only Memory)

ROM programable. Una vez programada, no es posible variar su contenido.

PROOF
Prueba, verificación.

PROTECTED
Protegido.

AREA	Area protegida.
FIELD	Campo protegido.
LOCATION	Posición protegida.

PROTECTION
Protección.

PSEUDOCODE
Lenguaje cuyas instrucciones no son directamente ejecutables por el ordenador.

PSEUDOINSTRUCTION
Seudoinstrucción. No es ejecutable por el ordenador. Normalmente se usa para controlar el funcionamiento del traductor o compilador.

PSW
Ver PROGRAM STATUS WORD.

PULSE
Impulso. Alteración brusca en el valor de una variable.

PUNCH   Perforar.

PUNCHED   Perforado.
   CARD   Tarjeta perforada.
   PAPER TAPE   Cinta perforada.

PUNCHER   Perforador/a.

PUSHDOWN LIST   Listado de artículos siguiendo el método LIFO.

PUSHUP LIST   Listado de artículos siguiendo el método FIFO.

QTAM
(Queued Telecommunications Access Method)

Método de acceso en colas (comunicaciones).

QUADRATIC ECUATION

Ecuación de 2.º grado.

QUALIFIED

Calificado/a.

NAME

Nombre calificado. En programación, nombre que ha sido elegido para un grupo específico de datos.

QUANTITY

Cantidad.

QUARTER

Cuarta parte.

QUEUE

Cola.

QUICK

Rápido.

ACCESS STORAGE

Memoria de acceso rápido.

QUOTES

Comillas (").

QUOTIENT

Cociente.

R

RACK Bastidor.

RADIX Raíz. Base de un sistema numérico.

    POINT Coma que separa la parte entera de la parte decimal en un número.

RAM Véase RANDOM ACCESS MEMORY.

RANDOM Al azar. Aleatorio.

    ACCESS Acceso al azar, directo. Tipo de acceso en el que la ubicación de los datos no afecta sensiblemente al tiempo de búsqueda. Es sinónimo de acceso directo.

    ACCESS FILE Archivo de acceso al azar.

    ACCESS MEMORY Memoria de acceso directo. Se abrevia RAM.

    INQUIRIES Consultas al azar.

    NUMBERS Secuencia de números que satisfacen pruebas suficientes de aleatoriedad.

RANGE Escala. Rango. Diferencia entre los valores máximo y mínimo de un operando.

RANK   Ordenar. Orden.

RAS   Ver RETURN ADDRESS STACK.

RATE   Velocidad.

RATED SPEED   Velocidad nominal.

RATIO   Indice. Relación entre cantidades.

RAW DATA   Datos sin procesar. Datos en bruto.

RBE   Véase REMOTE BATCH ENTRY.

READ   Lectura. Leer.

    AFTER-WRITE-CHECK   Control de grabación mediante lectura y comparación posterior.

    BACKWARD   Leer hacia atrás.

    AND RESET   Leer y borrar.

    CHECK   Control de lectura.

    CYCLE   Ciclo de lectura.

    IN   Entrada por lectura.

    IN AREA   Area de lectura.

    ONLY MEMORY   Memoria de sólo lectura. Se abrevia ROM.

    ONLY STORAGE   Almacenamiento de sólo lectura.

    OUT   Emisión por lectura.

    WRITE HEAD   Cabeza de lectura-escritura.

READER   Lector/a.

READING   Lectura.

READY   Listo para hacer.

REAL   Real. Efectivo. Igual que ABSOLUTE.

   ADDRESS   Memoria real, por oposición con memoria virtual.

   TIME   Tiempo real. En general se refiere a la duración real de un proceso o acto y por extensión a una modalidad de trabajo en ordenador, en la que el ciclo entrada-tratamiento-salida de una operación no interfiere el ciclo de otras; ello se consigue mediante adaptación de los tiempos de tratamiento a los tiempos reales de las operaciones que se tratan. Como filosofía de trabajo es opuesta al proceso por lotes.

   TIME APPLICATION   Aplicación en tiempo real.

   TIME INPUT   Entrada en tiempo real.

   TIME INQUIRY   Consulta en tiempo real.

   TIME OPERATION   Operación en tiempo real.

   TIME OUTPUT   Salida en tiempo real.

   TIME PROCESSING   Proceso en tiempo real.

   VALUE   Valor real.

RECEIVER   Receptor.

RECEIVING   Recepción.

   FIELD   Campo receptor.

RECORD   Grabar, registrar. Registro. Record. Registro lógico. Conjunto de datos que guardan relación entre sí y constituyen una unidad lógica de archivo.

   BLOCK   Bloque de registros.

   DESCRIPTION   Descripción de registro.

   GAP   Separación entre registros.

   KEY   Clave de registro.

   LAYOUT   Diseño de registro.

   LENGTH   Longitud de registro.

   NAME   Nombre de registro.

   SEPARATOR   Separador de registros.

   TYPE   Tipo de registro.

RECORDING   Grabación.

    DENSITY   Densidad de grabación. Se mide en bits por pulgada.

    HEAD   Cabeza de grabación.

    MEDIA   Medios de grabación.

RECOVERY   Recuperación.

    PROCEDURE   Procedimiento de recuperación.

RECURSION   Repetición.

RECURSIVE   Repetitivo.

REDUNDANCY   Redundancia. Hace referencia al acto de añadir más bits de los requeridos a una información con el fin de controlarla.

    CHECK   Control de redundancia.

    PARITY CHECK   Control de paridad por redundancia.

REDUNDANT   Redundante.

    BIT   Bit de redundancia.

    CHARACTER   Carácter de redundancia.

REEL   Carrete.

REENTRANT   Reentrante.

    PROGRAM   Programa reentrante. Distintos trabajos procesan las instrucciones del programa reentrante que está almacenado en una región de la memoria, sin que se tenga que copiar en las particiones de cada trabajo. Los datos variables de cada trabajo han de almacenarse independientemente de las instrucciones del programa que deben quedar inalteradas por el proceso de los trabajos.

REFERENCE   Referencia.

**REGENERATION
CIRCUITS**   Circuitos de regeneración.

REGION

Región. Suele referirse a partes o subdivisiones de memoria.

REGISTER

Registro. Acto de registrar. Dispositivo o elemento capaz de contener una determinada cantidad de datos. Un registro puede ser un almacenamiento físicamente independiente o una parte de un almacenamiento mayor dividido por programa.

REGISTRATION

Alineación. Colocación correcta. Posicionar una información según una referencia.

OF FORMS

Alineación de formularios.

REJECT

Rechazar. Rechazo.

POCKET

Cajetín de rechazos.

RELATION

Relación.

CHARACTER

Carácter de relación. Por ejemplo ≤.

CONDITION

Condición de relación.

RELATIONAL

De relación.

OPERATOR

Operador de relación.

RELATIVE

Relativo/a. Relacionada.

ADDRESS

Dirección relativa. Dirección que se combina con una dirección base para formar la dirección absoluta.

CODING

Codificación relativa. Codificación que usa instrucciones con direcciones relativas.

RELAY CENTER

Central repetidora (comunicaciones).

RELEASE

Liberar. En software designa el nivel de actualización de un sistema operativo, de un package aplicativo. Una release (la palabra no se traduce en español) se identifica por un número (que indica el nivel de actualización del conjunto) seguido de un punto, y de otro número (que indica actualizaciones parciales).

RELIABILITY

Capacidad de un dispositivo para realizar una función específica o probabilidad de funcionamiento a un determinado nivel y durante un período de tiempo determinado. Fiabilidad.

RELOCATABLE   Reubicable. Suceptible de ser ubicado en lugares dife-
                                    rentes de la memoria principal de una máquina.

    ADDRESS   Dirección reubicada.
    AREA   Area reubicable.
    PROGRAM   Programa reubicable.

RELOCATE   Trasladar un programa o parte de él, desde una zona de
                                    la memoria a otra.

RELOCATION   Reubicación.

REMARKS   Observaciones.

REMOTE   Remoto. A distancia.

    ACCESS   Acceso a distancia.
    BATCH   Modo de tratamiento por lotes en el que los datos son
                                    introducidos a distancia, ingresando en el ordenador a
                                    través de un gobierno de líneas.
    BATCH ENTRY   Entrada a distancia por lotes.
    DATA TERMINAL   Terminal de datos a distancia.
    JOB ENTRY   Entrada de trabajos a distancia. Se abrevia RJE.
    PROCESSING   Proceso a distancia.
    TERMINAL   Terminal remoto.

REMOVABLE   Desmontable. Cambiable.
    DISK PACK   Juego o paquete de discos cambiables.

REPEAT   Repetir.
    KEYS   Teclas repetidoras.

REPETITIVE ADDITION   Suma reiterativa.

REPORT — Informe.

    FILE — Archivo de informes.

    PROGRAM GENERATOR — Generador automático de programas. Se abrevia RPG, y designa un lenguaje de programación, orientado a la gestión administrativa.

REPRODUCER — Reproductor.

REQUEST — Solicitar. Requerir. Solicitud.

RERUN — Volver a iniciar de nuevo un proceso tras un error.

    POINT — Punto del programa donde se puede reanudar la ejecución del mismo.

RESERVED — Reservado.

    VARIABLE — Variable reservada.

    WORD — Palabra reservada.

RESET — Restaurar. Borrar, poner a cero. Situar en el estado inicial de nuevo.

    AND START — Restaurar y arrancar.

RESIDENT — Residente.

RESIDUE CHECK — Control residual.

RESOURCE — Recurso.

RESPONSE — Respuesta.

    TIME — Tiempo de respuesta.

RESTART — Reanudar la ejecución de un programa interrumpido.

RESTORE — Restaurar.

RESULT — Resultado.

RETRIEVAL — Recuperación. Véase INFORMATION RETRIEVAL.

RETURN

Volver. Retornar. Retorno.

TO HOME

Volver a la situación inicial (en discos).

ADDRESS STACK

Zona de memoria para almacenamiento de direcciones de retorno de las subrutinas. Se abrevia RAS.

REVERSE

Marcha atrás.

ORDER

Orden invertido.

SKIP

Salto hacia atrás.

REWIND

Rebobinar.

REWRITE

Volver a escribir, a grabar. Instrucción utilizada en ciertos lenguajes para volver a grabar un registro en un fichero después de haberlo leído, en la misma posición que ocupaba.

RIBBON

Cinta de impresión.

CARTRIDGE

Cartucho de cinta de impresión.

FEED

Alimentador de cinta de impresión.

RIGHT

Derecho. A la derecha.

JUSTIFIED

Justificado o alineado a la derecha.

PLATEN

Rodillo derecho.

RINGING

Llamada, generalmente sonora.

RIPPLE PRINT

Impresión en escalera.

RJE

Véase REMOTE JOB ENTRY.

ROLE INDICATOR

Indicador de función.

ROLL IN/ROLL OUT

Transferencia de programas y/o datos desde memoria externa a memoria principal, o vice-versa.

ROLL UP/ROLL DOWN

Designa la posibilidad de hacer deslizar hacia arriba, o hacia abajo, el contenido de una pantalla.

ROM	Ver READ ONLY MEMORY.
ROOT	Raíz. Primer segmento de un programa de recubrimiento (OVERLAY).
ROS	Ver READ ONLY STORAGE.
ROUNDING	Redondeo. Cálculo que permite redondear a un número dado de decimales los resultados de operaciones de cálculo.
ERROR	Error de redondeo.
OFF	Técnica o regla de redondeo, para minimizar los errores de redondeo.
ROUTINE	Rutina. Secuencia de instrucciones que cumplen un determinado proceso.
ROW	Fila, línea, de tipo horizontal.
RP	Ver RIGH PLATEN.
RPG (Report Program Generator)	Lenguaje de programación orientado a la gestión administrativa.
RS	Ver RECORD SEPARATOR.
RUN	Pasada en máquina. Desarrollo total de un programa en máquina.
BOOK	Documentación de normas operativas de un programa.
TIME	Tiempo de ejecución.
RUNNING	En ejecución.
STATE	Estado de ejecución.

S

SAMPLE	Muestra.
SAMPLING	Muestreo.
SAVE	Salvar, guardar. Es un comando de los sistemas operativos para copiar en un archivo el contenido de la memoria de trabajo.
SCA	Ver SYSTEM COMMUNICATION AREA.
SCALAR	Escalar, en el sentido de elemental, o de uno solo.
SCALE	Escala. Convertir a escala.
FACTOR	Factor de escala.
SCAN	Examinar, explorar. Macroinstrucción del FDOS que permite localizar en un fichero el primero o todos los registros que responden a una determinada condición referida al contenido de ciertos campos.
SCANNER	Dispositivo de exploración. Analizador. Véase OPTICAL SCANNER.

SCANNING   Exploración.

SCATTER READ   Se refiere a una operación de lectura en la que los datos se encuentran en zonas de memoria no contiguas.

SCHEDULER   Planificador. Programa del Sistema Operativo que controla y planifica la secuencia de tareas y la distribución de los medios de una máquina.

SCIENTIFIC   Científico.

    COMPUTER   Ordenador científico.

SCORED FORMS   Formularios trepados para desprenderlos de una matriz.

SCRATCH FILE   Fichero transitorio, que se crea y se anula en la misma tarea (EMOS S-6.000).

SCREEN   Pantalla.

SDA
(Source Data Automation)   Automatización de las fuentes de datos. Mecanización de la recogida de información.

SEARCH   Búsqueda lógica.

SECONDARY   Secundario.

    STORAGE   Ver AUXILIARY STORAGE.

SECTION   Sección. Nombre que se da a determinados grupos de instrucciones de un programa (COBOL).

SECTOR   Sector. Zona en la que se puede dividir un disco o tambor.

SEEK   Búsqueda física.

    ACCESS TIME   Tiempo de acceso a la información.

    ADDRESS   Dirección de búsqueda.

    TIME   Tiempo de búsqueda.

SEGMENT   Segmento. Parte de un programa.

   MARK   Carácter en cinta para separar segmentos de archivo.

SEGMENTATION   Segmentación. División de un programa en segmentos.

SELECTION   Selección.

SELECTIVE   Selectivo, seleccionado.

   CHARACTER SET   Juego de caracteres seleccionado.

   DUMP   Copia selectiva de una serie de ubicaciones.

SELECTOR CHANNEL   Canal selector. Canal de alta velocidad.

SELF   Prefijo que significa «por sí mismo». Igual que el prefijo castellano «auto».

   ADAPTING   Auto-adaptación.

   CHECKING   Auto-control.

   CONTAINED
   CONTROL UNIT   Unidad de control incorporada.

   DEFINING TERM   Término autodefinido. Término cuyo valor está en el propio término.

   LOADING ROUTINE   Rutina de auto-carga.

SEMANTICS   Semántica. Afinidad existente entre el significado y el símbolo.

SEMICONDUCTOR   Semiconductor. Sólido cuya conductividad está entre la alta de los metales y la baja de los aislantes y varía según la polaridad aplicada (diodo) o la presencia o ausencia de una corriente de pilotage (transistor).

SENDING   Envío.

SENSE   Leer (agujeros u otras marcas); captar (impulsos); detectar (condiciones particulares).

   SWITCH   Conmutador.

SEPARATOR
CHARACTER   Carácter separador. FS, RS, US, CS del Código ISO.

SEQUENCE   Secuencia. Orden preestablecido.
    CONTROL REGISTER   Registro de control de secuencia.

SEQUENTIAL   Secuencial.
    ACCESS   Acceso secuencial.
    FILE ORGANIZATION   Organización secuencial de archivo.
    INSTRUCTION EXECUTION   Ejecución secuencial de instrucciones.
    ORGANIZED   Organizado en secuencia.
    PROCESSING   Proceso secuencial.
    SEARCH   Búsqueda secuencial.

SERIAL   En serie. Uno tras otro. Opuesto a paralelo.
    ACCESS   Acceso serial.
    BY BIT   En serie bit a bit.
    NUMBER   Número en serie.
    PRINTER   Impresora serial.
    TRANSFER   Transferencia en serie.
    TRANSMISSION   Transmisión en serie.

SERIALIZE   Serializar. Convertir los bits en paralelo que salen de máquina a bits en serie para entrada de línea.

SERVICE   Servicio. Utilidad.
    PROGRAMS   Programas de servicio, pertenecientes al subsistema de programación.
    ROUTINE   Rutina de servicio. Ver UTILITY ROUTINE.

SET   Juego, conjunto. Fijar, establecer. Poner en estado.
    NAME   Nombre del conjunto. Identificador.

SET (continuación)

UP	Preparar.
UP CHANGE SWITCHES	Interruptores de cambio de función.
UP CIRCUIT	Circuito de preparación.
UP IMPULSE	Impulso de preparación.
UP TIME	Tiempo de preparación.

SEXADECIMAL   Hexadecimal.

SF   Ver SPROCKET FEED.

SHARED   Compartido.

FILE   Archivo compartido.

MEMORY   Memoria compartida.

SHARING   Compartimiento. Véase TIME SHARING.

SHIFT   Cambio. Desplazamiento de los componentes de un dato a la derecha o a la izquierda por multiplicación (decalaje) o división (descarte) de potencias de diez.

KEY   Tecla de cambio a mayúsculas.

LOCK   Tecla de fijar mayúsculas.

OUT   Inhabilitado.

REGISTER   Registro para realizar desplazamientos.

SHORT   Corto. Reducido.

FORMAT ADDRESS   Dirección de formato corto.

PRECISION   Baja precisión.

SIGHT CHECK   Control visual.

SIGN   Signo. Carácter o bit que indica si un número es positivo o negativo.

SIGNAL   Señal.

SIGNIFICANT DIGIT   Dígito significativo.

SIM   Ver SYSTEM INITIALIZATION MODULE.

SIMPLE EXPRESSION   Expresión formada por un solo término.

SIMPLEX   Simple. Se refiere generalmente a un enlace entre dos puntos en un único sentido (comunicaciones).

SIMULATE   Simular. Representar fielmente funcionamientos o conductas de un ente por medio de otro.

SIMULATOR   Dispositivo o programa que realiza la simulación.

SIMULTANEITY   Simultaneidad. Dícese de la propiedad de una máquina para realizar operaciones varias al mismo tiempo.

SIMULTANEOUS   Simultáneo.

SINGLE   Simple, único, individual.

    ACCESS   Acceso único.

    ADDRESS INSTRUCTION   Instrucción de una sola dirección.

    CARD FEED   Alimentador de tarjetas una a una.

    CASE   Tipos de impresión de una sola posición (mayúsculas o minúsculas).

    CYCLE   Ciclo único.

    PRECISION   Precisión sencilla. Utilización de una palabra por número.

    REEL FILE   Archivo de una sola bobina.

    STEEP   Un solo paso. Paso único.

SINGULAR CHARACTER   Un solo carácter.

SKELETAL CODING   Codificación estructural. Serie de instrucciones en las que faltan especificaciones.

SKEW   Desplazamiento angular de un carácter o grupo de caracteres de una fila de cinta magnética o perforada.

SKIP   Saltar. Salto. Pasar rápidamente sobre líneas o posiciones de impresión de forma automática o saltar instrucciones de una secuencia.

CODE   Código de salto.

INSTRUCTION   Instrucción de salto.

SLAVE   Eslavo, satélite. Se llama así al periférico (o terminal) que depende de otro (llamado MASTER).

SLOW   Lento.

SLT   Véase SOLID LOGIC TECHNOLOGY.

SNAPSHOT   Copia dinámica de la memoria.

SOCKET   Clavija bipolar.

SOFTWARE   En sentido amplio: todo lo que no es físicamente máquina en un sistema de tratamiento de información. En sentido restringido: conjunto de medios que sirven para acercar y resolver el problema en máquina: comprende tanto los programas que constituyen el sistema operativo (software de base), como los aplicativos (software aplicativo). Se intenta utilizar en español las palabras LOGICAL o LOGICIAL en lugar de la palabra inglesa SOFTWARE.

SOH   Ver START OF HEADING.

SOLID   Sólido.

LOGIC TECHNOLOGY   Tecnología de lógica sólida. Designa la realización de circuitos lógicos en estado sólido, o circuitos integrados. Se abrevia SLT.

SOLID (continuación)

STATE — Estado sólido. Se refiere a los componentes electrónicos cuyo funcionamiento depende del control de fenómenos eléctricos o magnéticos en cuerpos sólidos.

SONIC — Sónico.

DELAY LINE — Línea de retardo sónico.

SORT — Clasificación. Clasificar.

BLOCKING FACTOR — Factor de agrupamiento en bloques de clasificación.

PROGRAM — Programa de clasificación.

SORTER — Clasificador/a (máquina o programa).

SOURCE — Fuente. Origen.

DATA — Datos de origen.

DOCUMENT — Documento fuente.

LANGUAGE — Lenguaje fuente.

LIBRARY — Biblioteca de programa fuente.

PROGRAM — Programa fuente.

SPACE — Espacio.

CHARACTER — Carácter blanco.

SUPPRESSION — Supresión de espacios.

SPACING — Acción de espaciar.

SPANNED RECORD — Registro fragmentado, cuando pasa de la longitud de un bloque o de un sector.

SPECIAL — Especial.

CHARACTER — Carácter especial, que no es ni letra, ni número.

FEATURE — Característica especial.

PURPOSE COMPUTER — Ordenador para usos especiales.

SPECIFIC   Específico.

PROGRAM   Programa específico.

SPEED   Rápido/a. Velocidad.

MEMORY   Memoria rápida.

PRINTER   Impresora rápida.

SPLIT   Partir, seccionar.

CATALOG   Catálogo por secciones.

SPOOL   Operación periférica simultánea. Técnica que permite ejecutar operaciones de entrada-salida al mismo tiempo que
procesos principales. Se refiere sobre todo a la impresión:
el programa principal de proceso graba en un archivo la
información a imprimir; luego, durante la ejecución de otro
programa principal, dicha información se imprime.

SPOOLING   Sinónimo de SPOOL.

SPROCKET   Arrastre por rueda dentada.

HOLES   Agujeros en cinta de papel o en los bordes laterales de
los impresos que permiten la alimentación de los mismos.

FEED   Alimentar formularios por medio de arrastre.

STACK   Pila. Conjunto de elementos de memoria, organizados en
pila, para guardar una información transitoria, como las
direcciones de retorno de las subrutinas; por extensión,
zona de memoria para guardar información transitoria
(Stack de datos en el S-6.000).

STACKER   Depósito de salida.

STAND-ALONE   Independiente. Separado de un conjunto. Autónomo. Caracteriza un terminal o un puesto de trabajo que está conec-
tado directamente al ordenador o a un concentrador; es
decir, que tiene una sola conexión a través de una línea
externa.

STANDARD   Estandar. Que respeta una norma.

STANDARD (continuación)

PROGRAM	Programa estandar.
PACKAGE	Paquete de programas estándares.

STAND BY   Equipo de reserva.

START   Comenzar. Inicio.

ADDRESS	Dirección de inicio.
OF HEADING	Inicio de encabezamiento (SOH).
OF TEXT	Inicio de texto (STX).
TIME	Tiempo de arranque.

STATE   Estado.

STATEMENT   Sentencia, declaración de un lenguaje de programación, instrucción.

STATIC   Estático. Inmóvil.

PRINTOUT	Salida impresa estática. Dícese de la salida que se efectúa finalizada una pasada de máquina.
STORAGE	Memoria estática, por oposición con la memoria dinámica. Almacenamiento en el cual la información queda fija y siempre disponible.

STATION   Estación, terminal. Véase WORK-STATION.

STATUS   Estado, condición.

WORD   Palabra de estado.

STEP   Paso. Operación en una rutina.

BY STEP   Paso a paso. Dícese de la lectura o ejecución de un programa instrucción a instrucción con fines de control.

STICKER   Marca reflectante al inicio y al final de una cinta magnética.

STOCHASTIC   Estocástico. Relativo al procedimiento de aproximaciones sucesivas.

STOP   Parada. Detención.

ADDRESS   Dirección de parada.

INSTRUCTION   Instrucción de parada.

TIME   Dícese en las unidades de cinta magnética del tiempo que transcurre entre el final de una lectura y la parada de la cinta. Se conoce también como tiempo de desaceleración.

STORAGE   Memoria, almacenamiento.

ALLOCATION   Asignación de memoria.

AREA   Area de memoria.

BLOCK   Bloque de memoria, que, según los modelos, representa un número fijo de K.

CELL   Celda de almacenamiento.

CYCLE   Ciclo de memoria.

DEVICE   Dispositivo de almacenamiento.

DUMP   Vuelco de memoria.

FIELD   Campo de almacenamiento.

FILL   Carga de memoria.

·LOCATION   Posición de memoria.

PROTECTION   Protección de memoria.

REGION   Región de memoria.

REGISTER   Registro de memoria.

STACK   Pila de almacenamiento.

UNIT   Unidad de almacenamiento.

STORE   Almacenar.

AND FORWARD   Modalidad operativa de un centro de conmutación de mensajes (comunicaciones). El centro almacena el mensaje hasta estar completo y sólo después lo lanza a su destino.

STORED	Almacenado.
PROGRAM	Programa de almacenado.
PROGRAM COMPUTER	Ordenador de programa almacenado.
ROUTINE	Rutina almacenada.
STRAIGHT LINE CODE	Codificación lineal.
STREAM	Flujo. Véase INPUT JOB STREAM y JOB STREAM.
STRING	Serie, expresión de caracteres. Véase CHARACTER STRING.
STROKE	Trazado.
STRUCTURE	Estructura.
STRUCTURED	Estructurado.
PROGRAMMING	Programación estructurada.
STX	Ver START OF TEXT.
STYLUS PRINTER	Impresora de agujas.
SUBJECT	Sujeto.
SUBPROGRAM	Subprograma (rutina).
SUBROUTINE	Subrutina. Rutina que forma parte de otra.
SUBSCRIPT	Subíndice.
SUBSET	Subconjunto. En telecomunicación «modem».

SUBSTRACTION   Resta.

SUM   Suma.

SUMMARY   Sumario/a. Resumen.
   CARD   Tarjeta resumen.

SUPERSCRIPT   Exponente.

SUPERVISOR   Supervisor. Parte del programa de control del sistema operativo que está siempre residente en memoria; controla las cargas de programas, y todas las interrupciones tanto internas como externas.

   CALL   Llamada al supervisor. Se abrevia SVC
   CALL INSTRUCTION   Instrucción de llamada al supervisor.
   STATE   Estado supervisor.

SUPPLY   Alimentación.

SUPPRESSION   Eliminación.

SVC   Véase SUPERVISOR CALL.

SWAP   Intercambiar.

SWAPPING   Intercambio de programas en memoria. Técnica que interrumpe un programa en curso de ejecución, lo almacena en el estado que está en un disco, y transfiere a la memoria otro programa que había sido interrumpido anteriormente.

SWITCH   Llave, interruptor, desviador.

SWITCHING   Conmutación.

SYMBOL   Símbolo.

    TABLE   Tabla de símbolos.

    VALUE   Valor de un símbolo.

SYMBOLIC   Simbólico.

    ADDRESS   Dirección simbólica.

    CHANNEL   Canal simbólico.

    CODING   Codificación simbólica.

    LABEL TABLE   Tabla de labels simbólicas.

    LANGUAGE   Lenguaje simbólico.

    OPERAND   Operando simbólico definido por el valor del símbolo.

SYMUNIT TABLE   Tabla de unidades simbólicas.
(SYMbolic UNIT)

SYNCHRONIZATION   Sincronización.

SYNCHRONIZER   Sincronizador.

SYNCHRONIZING   De sincronización.

    CLOCK   Reloj de sincronización.

SYNCHRONOUS   Síncrono. Califica un proceso que se ejecuta de modo concurrente y de acuerdo con una relación de tiempo fija y pre-establecida.

    COMPUTER   Ordenador síncrono. Sus procesos se desarrollan al ritmo de las señales de un reloj.

    DATA TRANSMISSION   Transmisión síncrona de datos, que no espera ninguna señal para empezar.

SYNDETIC   Sindético. Referenciado.

SYNERGIC

Sinérgico. Coordinado.

SYNTAX

Sintaxis. Reglas para construir expresiones en un lenguaje.

SYSGEN

Véase SYSTEM GENERATION.

SYSLOG

Véase SYSTEM LOG.

SYSTEM

Sistema. En informática, se confunde con la noción de ordenador más su sistema operativo. O designa simplemente el sistema operativo.

APPLICATION

Aplicación de sistema.

CHECK

Verificación de sistema.

CONFIGURATION

Configuración de sistema. Identificación de los componentes de un sistema.

CONFIGURATION RECORD

Registro que contiene la configuración del sistema.

CONTROL PANEL

Cuadro de control y de mandos del sistema.

DIRECTORY

Directorio del sistema.

GENERATION

Generación del sistema. Adaptar el sistema operativo a las necesidades del caso. Se abrevia SYSGEN.

INQUIRY

Consulta del sistema.

LIBRARY

Librería del sistema.

LOADER

Cargador del sistema.

LOG

Registro cronológico de los trabajos, anomalías, errores del sistema. Se abrevia SYSLOG.

T

TABLE Tabla. En informática: Tabla de datos.
   LOOK UP Búsqueda en tablas.

TABULAR Tabular.
   KEY Tecla tabuladora.

TABULATE Tabular. Distribuir información en forma de tabla.

TABULATING Tabulado.

TABULATION Tabulación.

TAG Identificador. Sinónimo de FLAG.

TAKE-UP REEL Carrete receptor.

TAPE Cinta.
   MARK Marca de cinta.

TAPE (continuación)

OPERATING SYSTEM	Sistema operativo en cinta magnética (TOS).
PUNCH	Perforador de cinta.
READER	Lector de cinta.
UNIT	Unidad de cinta.

TARGET LANGUAGE   Lenguaje absoluto.

TASK   Tarea. Unidad de trabajo.

TAXONOMY   Taxonomía. Clasificación.

TELECOMMUNICATIONS   Telecomunicaciones. Transmisión de información a distancia.

TELEGRAPH   (Comunicaciones.) Telegráfico, telégrafo.
  EXCHANGES   (Comunicaciones.) Central telegráfica.

TELEPRINTER   Teleimpresora.

TELEPROCESSING   Teleproceso. Genéricamente, proceso de datos con inputs y outputs a distancia.
  NETWORK   Red de teleproceso.
  SYSTEM   Sistema de teleproceso.

TELETYPE WRITER   Teletipo.

TELEX
(TELegraphic EXchanges)   (Comunicaciones.) Télex: Red pública mundial para el intercambio de mensajes escritos mediante teleimpresores

TEMPLATE   Plantilla para dibujos o símbolos.

TEMPORARY STORAGE   Almacenamiento temporal.

TERMINAL   Punto o dispositivo en una red de comunicaciones o en un sistema a través de los cuales pueden realizarse funciones de entrada y/o salida de información.

    ENTRY   Entrada de terminal.

    JOB   Trabajo de terminal.

    TABLE   Tabla de terminales.

TEST   Prueba. Control.

    CONDITION   Condición de prueba.

    DATA   Datos de prueba.

    ROUTINE   Rutina de prueba.

TESTING   Prueba, verificación.

TEXT   Texto.

    EDITOR   Editor de textos. Designa un programa de utilidad que permite crear, modificar, visualizar e imprimir textos en lenguaje fuente.

THEORY   Teoría.

    OF GAMES   Teoría de juegos.

    OF QUEUES   Teoría de colas.

THIN FILM   Película delgada magnética. Se utiliza como soporte de almacenamiento.

**THREE
ADDRESS INSTRUCTION**   Instrucción de tres direcciones.

THROUGHPUT   Rendimiento. Cantidad de información final generada en un proceso.

THRUPUT   Igual que THROUGHPUT.

TIME   Tiempo.

  ACCESS   Tiempo de acceso.

  DIVISION   Modalidad operativa de un equipo. (Comunicaciones.)
                                                 Opuesto a división de espacio.

  OUT   Intervalo de tiempo.

  SHARING   Tiempo compartido.

TIMER   Contador de tiempo.

TIMING CHART   Tabla de tiempos.

TOLL   Tarifa.

  BILLER   Máquina facturadora.

TOP   Arriba. En lo más alto.

TOS   Ver TAPE OPERATING SYSTEM.

TPS   Opción programable del Sistema DE 520. También lenguaje
(Terminal Programming   utilizado en la programación del mismo sistema (Olivetti).
System)

TRACE   Trazar. Huella.

  ROUTINE   Rutina de análisis, que indica las referencias de los
                                                 párrafos o de las secciones que ejecuta un programa.

TRACING   Véase TRACE.

  ROUTINE   Véase TRACE ROUTINE.

TRACK   Pista (disco), canal (cinta).

  PARITY CHECK   Igual que LONGITUDINAL PARITY CHECK.

  PITCH   Distancia entre pistas o canales.

  SECTOR WITH
  ADDRESSES MODE   Modalidad de sectores de pista con direcciones.

TRAILER   Que va detrás.
   LABEL   Rótulo o etiqueta de fin (cintas) o secundario (discos).
   RECORD   Registro final.

TRANSACTION   Operación. Transacción. Movimiento.
   CODE   Código de operación, transacción.
   FILE   Archivo de operaciones. Igual que DETAIL FILE.

TRANSCRIBE   Conversión de soportes.

TRANSFER   Transferir. Mover. Transferencia.
   LOAD SIZE   Cantidad de datos que se pueden transferir en una sola operación de lectura o escritura.
   RATE   Velocidad de transferencia.
   TIME   Tiempo de transferencia.

TRANSLATE   Traducir de un lenguaje a otro.

TRANSLATION   Traducción, conversión.

TRANSLATOR   Traductor.

TRANSLITERATE   Convertir los caracteres de un conjunto en sus correspondientes de otro.

TRANSMISSION   Transmisión. Envío de información generalmente a través de líneas telegráficas o telefónicas.

TRANSMIT   Transmitir.

TRAP   Interrupción.

TREE   Arbol.

TRIAL   Prueba.

TRIGGER   Impulso o señal sincronizadora.

TROUBLESHOOT   Ver DEBUG.

TRUE   Real, verdadero.

TRUNCATE   Truncar. Omitir los términos de una expresión a partir de cierto punto.

TRUNK   Ver BUS.

TRUTH TABLE   Tabla de verdad.

TTY   Abreviatura de teleimpresor.

TURNAROUND TIME   Tiempo requerido para invertir la dirección en un canal semi-dúplex.

TWIN   Gemelo. Se emplea en lugar de TWIN SYSTEM.

    SYSTEM   Sistema doble. Designa un sistema con dos puestos de trabajo que comparten de manera igual todos los recursos comunes.

TWO   Dos.

    ADDRESS INSTRUCTION   Instrucción de dos direcciones.

    COMPLEMENT   Complemento a dos.

    WAY CHANNEL   Canal de dos direcciones.

    WIRE CHANNEL   Canal de dos hilos.

TYPE   Tipo de impresión. Mecanografiar.

    BAR   Palanca o barra de tipos.

    FONT   Familia de tipos.

TYPEWRITER   Máquina de escribir.

    TAPE PUNCH   Máquina de escribir perforadora de cinta.

U

UDC
(Universal Decimal Classification)

Clasificación decimal universal.

UHF
(Ultra Hight Frecuency)

Ultra alta frecuencia.

UNBLOCKING

Desagrupamiento de bloques.

UNCONDITIONAL

Incondicional.

BRANCH

Bifurcación incondicional.

JUMP

Salto incondicional.

TRANSFER

Transferencia incondicional.

UNDEFINED

No definido. Indefinido.

UNDERFLOW

Dícese del resultado de una operación sistemática en coma flotante, que es más pequeño que la cantidad, no cero, más pequeña que se puede representar en la zona de almacenamiento prevista.

UNFORMATTED

No ajustado a formato.

UNIT   Unidad.
   COUNTER   Contador de unidades.
   ESCAPEMENT   Unidad de escape.
   RECORD   Registro unitario.
   SEPARATOR   Código separador de zonas de información.

UNMASK   Quitar la máscara. Sin máscara.

UNPACK   Desempaquetar.

UNPACKED   Desempaquetado.

UNPROTECTED   No protegido.

UPDATE   Actualizar.

UPPER   Superior.
   CASE   Mayúscula.
   SPROCKET   Arrastre superior.
   TRACTOR   Arrastre superior.

UPTIME   Período de tiempo efectivo que una máquina trabaja.

US   Ver UPPER SPROCKET. Ver UNIT SEPARATOR.

USASCII   Código a 8 bits (ASCII estandarizado en América).

USER   Usuario. Véase END USER.
   IDENTIFICATION   Identificación del usuario.
   LIBRARY   Biblioteca del usuario.
   MEMORY   Memoria disponible para el usuario.
   ROUTINE   Rutina del usuario.

UT   Ver UPPER TRACTOR.

UTILITY PROGRAMS   Programas de utilidad.

VALIDITY CHECK Control de validez.

VALUE Valor. Véase ABSOLUTE VALUE, REAL VALUE.

VARIABLE Variable. Cantidad que puede asumir cualquier valor dentro de una serie.

    LENGTH RECORDS Registros de longitud variable.

    LENGTH WORDS Palabras de longitud variable.

VERIFY Verificar. Controlar.

VERTICAL Vertical.

    PARITY CHECK Control de paridad vertical.

    REDUNDANCY CHECK Control de redundancia vertical.

    TABULATION Tabulación vertical.

VIRGIN COIL Bobina de cinta de papel sin perforar.

VIRTUAL Virtual.

    ADDRESS Dirección virtual.

VIRTUAL (continuación)

MACHINE — Máquina virtual. Simulación del funcionamiento de un ordenador.

MEMORY — Memoria virtual. Conjunto software-hardware que consigue efectos de «extensión» de la memoria principal combinando un Traductor Dinámico de Direcciones (Dinamic Adresses Translator) y una Tabla de almacenamiento de direcciones virtuales y reales.

MODE — Modalidad virtual.

PARTITION — Partición de memoria virtual.

STORAGE — Sin. de VIRTUAL MEMORY.

STORAGE ADDRESS — Dirección de la memoria virtual.

VISUAL DISPLAY — Pantalla de representación visual. De manera común, se abrevia en DISPLAY.

VOICE RESPONSE UNIT — Unidad de respuesta vocal.

VOID — Vacio. Dícese de la ausencia de tinta magnética en caracteres reconocibles mediante lectura magnética.

VOLATILE STORAGE — Almacenamiento cuyo contenido se pierde al desconectarle de la red de suministro.

VOLUME — Volumen. Capacidad de un soporte.

IDENTIFIER — Nombre asociado a un volumen (soporte).

TABLE OF CONTENTS — Tabla del contenido de un volumen, que contiene las etiquetas de todos los archivos almacenados. Se refiere a discos y se abrevia VTOC.

VRC — Ver VERTICAL REDUNDANCY CHECK.

VSAM (Virtual Storage Access Method) — Método de acceso de memoria virtual.

VT — Ver VERTICAL TABULATION.

VTOC — Ver VOLUME TABLE OF CONTENTS.

W

WAIT — Espera.

    CONDITION — Condición de espera.

    STATE — Estado de espera.

WAITING TIME — Tiempo de espera de la unidad central.

WARNING — Aviso, de una anomalía o de una situación incorrecta que no es tan grave como para afectar a la ejecución del proceso.

WIDTH — Anchura, ancho.

WITH — Con, por medio de.

WIRE — Cable.

WORD — Palabra. Conjunto arbitrario, definido por cada fabricante, de posiciones de memoria a los que se da un tratamiento unitario en el proceso.

    LENGTH — Longitud de la palabra.

WORD   (continuación)

MARK	Marca de palabra de longitud variable.
PROCESSING	Tratamiento o proceso de la palabra. Por oposición a DATA PROCESSING, designa el tratamiento de textos.
PROCESSING SYSTEM	Sistema o equipo de tratamiento de textos, especialmente preparado para el tratamiento y la gestión de los textos, desde el punto de vista mecanográfico.
TIME	Tiempo de transferencia de palabra.

WORK   Trabajo.

AREA	Area de trabajo.
FILE	Archivo de trabajo.

WORKING   De trabajo. Para trabajo.

AREA	Véase WORK AREA
STORAGE SECTION	Sección de memoria de trabajo (COBOL).

WRITE   Escribir, registrar, grabar, perforar, en cualquier soporte.

ERROR ROUTINE	Rutina de corrección de grabación.
GAP	Separación entre grabaciones.
OUT	Salida en escritura.

X

XY PLOTTER Dispositivo trazador de líneas y puntos, por medio de lápiz o pluma, que funciona como unidad de salida en un calculador.

XY PUNCH Líneas 11 y 12 de perforación en tarjeta para separación de zonas o asignación de signo.

X

Y

Y PUNCH   Véase XY PUNCH.

Z

ZERO   Cero.

  ADDRESS INSTRUCTION   Instrucción de dirección cero.

  BALANCE   Saldo cero.

  CHECK   Control cero.

  COMPRESSION   Eliminación de ceros en memoria.

  FILLING   Rellenar con ceros a efectos de impresión.

  SUPPRESSION   Supresión de ceros en impresión.

ZONE   Zona.

  BIT   Bit de zona.

  SUPPRESS   Supresión de zona.

ZONED DECIMAL   Decimal desempaquetado.